CAMBIOS NECESARIOS

{ EMPLEADOS, NEGOCIOS Y RELACIONES DE LAS QUE **DEBEMOS DESPRENDERNOS** PARA SEGUIR ADELANTE }

Dr. Henry Cloud

La misión de Editorial Vida es ser la compañía líder en comunicación cristiana que satisfaga las necesidades de las personas, con recursos cuyo contenido glorifique al Señor Jesucristo y promueva principios bíblicos.

CAMBIOS NECESARIOS
Edición en español publicada por
Editorial Vida – 2012
Miami, Florida

© 2012 por Editorial Vida

Originally published in the USA under the title:
    Necessary Endings
    Copyright © 2010 by Henry Clound
Published by arrangement of HarperBusiness, an imprint of HarperCollins Publishers.

Traducción: *Giovanni Durán, gk connects*
Edición: *Karen Azucena*
Diseño interior: *Santiago Arnulfo Pérez*

RESERVADOS TODOS LOS DERECHOS. A MENOS QUE SE INDIQUE LO CONTRARIO, EL TEXTO BÍBLICO SE TOMÓ DE LA SANTA BIBLIA NUEVA VERSIÓN INTERNACIONAL. © 1999 POR BÍBLICA INTERNACIONAL.

Esta publicación no podrá ser reproducida, grabada o transmitida de manera completa o parcial, en ningún formato o a través de ninguna forma electrónica, fotocopia u otro medio, excepto como citas breves, sin el consentimiento previo del publicador.

ISBN: 978-0-8297-5780-4

CATEGORÍA: Vida cristiana / Crecimiento profesional

IMPRESO EN ESTADOS UNIDOS DE AMÉRICA

12 13 14 15 16 ❖ 6 5 4 3 2 1

Dedico este libro a los líderes que me han permitido caminar a su lado en medio de cambios necesarios. Su coraje, convicción y fe son inspiradores.

Grande es el arte del iniciar, pero más grande es el arte de terminar.
—Henry Wadsworth Longfellow

Contenido

Prefacio 7

1 Cambios: Lo bueno no puede iniciar hasta que lo malo termine 9

2 Podar: El crecimiento ocurre si nos deshacemos de lo indeseado y lo superfluo 21

3 Acostumbrarse a los cambios: Permite que los ciclos de la vida entren en tu visión del mundo 39

4 Cuando estancarse se convierte en lo normal: La diferencia entre sufrir con propósito y sufrir sin una buena razón 55

5 Llegar al momento de la poda: Realismo, desesperanza y motivación 71

6 La esperanza contra el deseo: La diferencia entre lo que vale la pena resolver y lo que debería terminar 87

7 El sabio, el tonto y el malvado: Identifica a las personas que merecen tu confianza 109

8 Crear un sentido de urgencia: Permanece motivado y con energía para el cambio 133

9 Resistencia: Cómo enfrentar las barreras internas y externas 153

10 No más malos en la película: La magia de elegir por cuenta propia 169

11 Cómo conversar: Estrategias para terminar bien 175

12 Acepta el dolor: La importancia de asimilar los cambios necesarios 185

13 Sostenibilidad: Haz un inventario de lo que está agotando tus recursos 195

14 Conclusión: Todo se trata del futuro 201

Reconocimientos 205

Las historias y ejemplos que aparecen en este libro provienen de las entrevistas y consultorías hechas por el autor. Los nombres de las personas, las compañías y otros datos identificadores se han cambiado para proteger la identidad de quienes los han proporcionado. Por lo tanto, cualquier semejanza con personas reales es mera coincidencia.

Prefacio

El hoy puede ser enemigo de tu mañana.
En tu negocio o quizá en tu vida, el mañana que deseas y ambicionas puede que nunca se haga realidad si no terminas algunas cosas en las que hoy te ocupas. Para algunas personas, esto es obvio y fácil de hacer; ellas acaban con aquellas cosas que les estorban. Para otras, es más difícil. Este libro trata sobre ese problema, y muestra cómo obtener los resultados que deseas al terminar aquellas cosas cuyo tiempo ha caducado.

En este libro, verás que los cambios son una parte natural del universo, y que tu vida y tu negocio deben enfrentarlos, estancarse o morir. Son inherentes a la realidad. También verás que existen diferentes tipos de cambios, y que aprender a distinguirlos te asegurará éxitos y te evitará muchos fracasos y mucha miseria ya que terminarás con ese dolor considerable y esa confusión que tú o tu negocio pueda estar enfrentando.

Aprenderás que hay razones por las que quizá no te percatas de los cambios que se encuentran frente a tus ojos, y que existen razones por las cuales no has sido capaz de hacer los cambios que sí ves pero ante los que te sientes paralizado. Sin embargo, más allá de aprender a identificar los cambios, encontrarás estrategias exitosas para lidiar con ellos.

Asimismo, descubrirás que hay esperanza para algunas personas y algunos problemas en los negocios que por ahora puedas creer imposibles de resolver. No obstante, el problema consiste en que no ha existido un diagnóstico correcto de aquello que sí tiene futuro y de lo que no lo tiene. Además, se han utilizado tácticas erróneas que no nos ayudan a identificar ese futuro, y no se ha echado mano de las que sí lo hacen.

Con todo, *mi* esperanza es que tengas consuelo y te sientas seguro de ver, negociar y aun celebrar aquellos cambios que pueden ser la puerta a un futuro aun más brillante del que pudiste haber imaginado.

Capítulo 1

Cambios: Lo bueno no puede iniciar hasta que lo malo termine

Ahí estaba una vez más: ese desfallecimiento que inundaba su interior. Él lo notaba cada vez más, a la misma hora cada mañana. Sucedía cada vez que estacionaba y apagaba el automóvil en su aparcamiento de la oficina central de la compañía donde trabajaba. Ocurría en ese momento de quietud, cuando la radio ya no sonaba y él no había abierto la puerta del automóvil para dirigirse al edificio. Ya no podía negar su realidad, ni que se había convertido en algo persistente: no deseaba entrar a la oficina.

Sentía un peso interno que se oponía a su ímpetu natural. Stephen era el tipo de persona que siempre buscaba ir hacia adelante. De niño, era el primero en correr al campo de juego; en un grupo, era el primero en decir: «Vamos a hacer esto»; en una crisis de negocios, el primero en tomar la iniciativa y avanzar, sin importar cuál fuera el obstáculo. Por naturaleza, era apasionado y no tenía problemas para hacerle frente a la vida. Ahora, no obstante, dentro de su automóvil cada mañana, tenía que admitir que no sentía un fuerte impulso para entrar a ese edificio y prepararse para enfrentar otro día. Una pesadez que podía ser todo menos motivante había reemplazado ese impulso. No estaba acostumbrado a ese tipo de sentimientos.

Así que, esa mañana en particular, no hizo lo que solía, es decir, echar mano de su optimismo natural y dedicarse de lleno. En lugar de eso, encendió el automóvil y se dirigió a un parque por el que pasaba todos los días en el camino a su trabajo. Vio una banca donde sentarse, eso le vendría bien porque solamente quería pensar.

Cuando se sentó, se dio cuenta de dos cosas. Primero que, en verdad, no se había permitido mucho tiempo para eso: pensar. Había estado tan ocupado y atrapado en los incidentes de los últimos dos años desde que tomó la dirección de la compañía, que no se había tomado suficiente tiempo para reflexionar. Solo había trabajado *arduamente*, pues eso era lo que se requería. La compañía que tanto amaba y que pensaba sería su casa para siempre, no iba a donde él pensaba que iría. Hace más de un año que se había estancado, y los cambios todavía no se vislumbraban. Parecía que al negocio se le estaba apagando la vida, y que ahora este se sentía más como una obligación y una tarea por cumplir que una actividad que se hace por amor, como lo fue al principio. La luna de miel se había terminado, pero él lo había tomado simplemente como otro desafío en el que se sumergía, ya que esa era su forma de ser.

Sin embargo, en ese momento se dio cuenta de que el nivel de actividad no le había permitido reflexionar en profundidad; y cuando se permitió una pausa, se dio cuenta de la segunda cosa: si reflexionaba en profundidad, hallaría pensamientos que no deseaba encontrar.

No obstante, esa mañana decidió hacerlo, y se preguntó: ¿Por qué siento esta pesadez en mi interior? ¿Qué me está agotando?

Cuando dejó de obstaculizarse a sí mismo y se permitió ser franco, no pasó mucho tiempo para que su corazón le hablara.

Primero, estaba la estrategia de todo el asunto. Había aceptado el puesto de gerente general porque las ganancias eran buenas aunque no las mejores. Para él, eso representaba una oportunidad; era del tipo de personas con un desempeño eficaz, y a lo largo de su carrera había demostrado que en verdad podía obtener más beneficios que sus antecesores. Era inteligente y podía hacer las cosas. Solo con su fuerza y eficiencia, sabía que las cifras podían aumentar, sin mencionar que con la presentación de productos nuevos y la adición de otros territorios de venta podía incrementar las ganancias.

No obstante, pese a todos sus talentos y esfuerzos puestos en escena de manera diligente, en el último año no se observaba crecimiento alguno. Eso tenía que ser la señal de algo más, algo que lo asustaba. Quería decir que el mundo y el mercado estaban cambiando, pero la compañía no había cambiado al mismo ritmo. Su equipo de trabajo había intentado seguir la rutina, pero de mejor manera. Y cuando se permitió darse cuenta de la verdad, tuvo que admitir que el futuro brillante que había imaginado no sería una realidad sino hasta que hiciera cambios grandes en la dirección.

Sin embargo, para lograrlo, tendría que hacer cosas que no quería. Significaba ir a la junta directiva y enfrentar una batalla. Significaba tener que admitir que no había podido hacer que el método tradicional funcionara y, para él, eso implicaba admitir el fracaso. Muy pocas cosas eran peores que eso.

Pero era aun peor ya que significaba tomar decisiones difíciles respecto a las personas. Una nueva dirección que incorporara más tecnología y un manejo más astuto de las finanzas no sería posible con las personas que él tenía en puestos clave. ¿Cómo las quitaría? ¿A dónde las reubicaría?, y aun peor, ¿tendría que despedirlas?

Esto tenía que ver con una de las verdades más difíciles en esa sesión de enfrentamiento con la realidad. Aunque Stephen era el gerente general «a cargo» de la compañía, había una fisura en el fundamento mismo de su rol que nunca había enfrentado por completo y que le causaba un enorme pesar: Chris, el hijo del fundador de la compañía. Chris tenía el cargo de vicepresidente de mercadeo, el cual había adquirido gracias al antecesor de Stephen, es decir, el hermano del fundador y tío de Chris. Ellos esperaban que, algún día, Chris se convirtiera en gerente general, y por ello lo habían ubicado en su cargo actual como parte de su plan de sucesión.

No obstante, Chris en verdad no tenía ni la madera para ser gerente general ni lo necesario para ser parte del equipo ejecutivo. Con Chris en el camino, Stephen sentía que cargaba un peso adicional, y que todo sería mejor si Chris no estuviera ahí. Sin embargo, para abordar ese asunto debía pedirle a la compañía que hiciera una enorme elección: ¿La familia o el negocio? Cada vez que pensaba en ello, Stephen no se sentía complacido con ninguno de los resultados. Si forzaba la pregunta sobre el futuro de Chris y no lograba nada, Stephen sabía que sus planes para el futuro se detendrían para siempre, y que los defensores de Chris, e incluso este, guardarían resentimientos contra él. Por otro lado, si la junta directiva le permitía deshacerse de Chris, Stephen se liberaría del obstáculo, pero tendría que enfrentar los resultados que todo ello supondría en sus relaciones laborales. La cura podía ser peor que la enfermedad.

Sin embargo, otra parte de él decía que los verdaderos líderes tienen que hacer ese tipo de cosas, es decir, tomar las decisiones difíciles. Al pensar en eso, revisó su inventario personal. ¿Podría lograr una revisión completa si acudía a la junta directiva y reorganizaba todo? ¿Podría despedir personas por las cuales en realidad se preocupaba? Y las preguntas más importantes: ¿Podría hacer que la junta directiva decidiera permitirle escoger su propio equipo de trabajo? Y, si decían que no, ¿estaba listo para dejar todo y dedicarse a algo diferente donde no estaría atado a problemas sin solución?

Al reflexionar sobre estas preguntas, Stephen sentía emociones opuestas. Por un lado, experimentaba euforia, ese tipo de energía que él conocía y que apuntaba a la construcción de un futuro lleno de vida. Por otro lado, sentía miedo por lo que pasaría si, en verdad, él atravesara esas puertas al futuro. Pero también notó algo más: *la pesadez se había ido*. Otro sentimiento la había sustituido, un nuevo tipo de determinación, motivador y escalofriante al mismo tiempo, para enfrentar la realidad.

Sabía que para cruzar ese abismo, para enfrentar el miedo y saltar al precipicio, tendría que hacer cosas difíciles en lo emocional y lo relacional. También, sabía que para cruzar el abismo, tendría que desarrollar nuevas habilidades, ya que nunca había atravesado una puerta tan grande como esa. Además, Stephen entendía que, a pesar de todo, no podía seguir yendo por el rumbo en el que iba. Estaba listo para actuar, para renunciar a lo que no estaba funcionando y empezar a enfocarse en los cambios que se necesitaban hacer. Volvió a su automóvil, encendió el motor y se dirigió a la oficina, en esta ocasión, un poco más rápido. Estaba listo. En la empresa nada había cambiado aún, pero sí en el interior de Stephen.

Lo que ocurrió en la banca de ese parque y lo que sucedió a partir de ahí constituyen el tema de este libro.

Stephen se hallaba en un punto al cual todos llegamos, o deberíamos llegar, con más frecuencia de lo que pensamos. La manera como lidiamos con esos momentos determinará en gran medida la dirección de nuestro trabajo y nuestra vida. Si Stephen completó o no el proceso, cómo sería este y lo que se requería de Stephen para lograrlo a fin de llegar al futuro que la compañía necesitaba y que él mismo deseaba, todo ello representa el tema de este libro.

CON POCAS EXCEPCIONES, siempre escribo sobre temas que cumplen tres requisitos: primero, deben ser asuntos en los cuales haya trabajado exhaustivamente en ambientes reales. Eso me garantiza que no estoy escribiendo sobre una idea o teoría, sino sobre experiencias concretas, métodos y resultados. Deseo que los lectores sientan que «esto es cierto» y que se fundamenta en el mundo real donde viven y trabajan. No conozco otra forma de lograrlo que realizar el trabajo antes de escribir sobre él.

Segundo, al hablar y escribir, prefiero tratar asuntos con los cuales las personas de diversos ambientes se sientan identificadas. En otras palabras, aunque algo pueda preocuparme, luego descubro que los demás no lo consideran una «gran necesidad». Así que los asuntos de los cuales escribo deben tener un impacto en las personas donde quiera que estén, estén pasando por lo que estén pasando y para lo que ellas necesiten. En mi opinión, esos temas son los de mayor importancia puesto que ayudan a las personas a identificar y verbalizar lo que están experimentando pero que no han logrado entender y expresar. No obstante, cuando pueden ver las cosas con más claridad, experimentan una conexión interior. Es entonces cuando ocurren momentos de reflexión y avance.

Tercero, los asuntos deben ser relevantes. Deseo hablar de temas y prácticas de influencia considerable, de manera que cuando se pongan en acción se genere un salto cuántico. Existen asuntos reales con los que las personas se sienten identificadas, sin embargo sus efectos no son impresionantes. Existen asuntos con un impacto enorme; esos son los que logran pasar el examen de «esto es importante».

Eso me trae a «cambios necesarios». Cuando dicto conferencias sobre este tema, inmediatamente recibo llamadas telefónicas y correos electrónicos. Las personas me dicen: «Lo entendí y di el paso que ahora me doy cuenta había estado postergando por un tiempo», o me dicen que tomaron acciones inmediatas como resultado de una conversación o una consulta. Y el fruto de ello puede transformar a una persona o a una empresa.

Por su propia naturaleza, los cambios necesarios son reales y relevantes, y, si se implementan, pueden proporcionarnos resultados increíbles. Cuando los cambios necesarios se hacen bien, las personas logran el éxito. Cuando se implementan mal o se dejan de lado, las personas no obtienen nada. Echemos un vistazo al porqué y al cómo.

LA UNIVERSALIDAD DE LOS CAMBIOS

¿Por qué hay cambios? Nos gusten o no, los cambios son parte de la vida. Se entretejen en los hilos de esta, ya sea que las cosas vayan bien o que vayan mal. Del lado bueno de la vida, para que podamos alcanzar un nuevo nivel, un nuevo mañana, el paso siguiente, *algo* debe terminar. La vida tiene estaciones, etapas y fases. Para que haya algo nuevo, las cosas viejas siempre deben terminar y debemos dejarlas ir. La primera infancia le abre paso a la niñez, ya que esa primera etapa se debe evitar si se desea lograr en el niño la independencia para su desarrollo. Más tarde, las personas abandonan la niñez para convertirse en el tipo de adultos para el cual fueron diseñados.

Llegar al siguiente nivel siempre exige terminar con algo, dejarlo atrás y seguir adelante. El crecimiento mismo nos exige hacerlo. Sin la habilidad para terminar las cosas, las personas quedarían estancadas, sin llegar a ser lo que podrían ser y sin la posibilidad de lograr todo lo que sus talentos y habilidades puedan ofrecerles.

En los negocios, los finales a menudo son completamente necesarios para cambiar de dirección o para lograr conseguir el crecimiento. En ocasiones, los negocios necesitan deshacerse de una antigua línea de productos o incluso de áreas completas del negocio cuyo tiempo ya ha caducado. Para llegar al siguiente nivel, e incluso para mantener los niveles actuales de bienestar de una compañía, los líderes de negocios deben terminar las buenas ideas, estrategias o proyectos del ayer para tener los recursos y enfocarse en llevar a sus organizaciones al mañana. En ocasiones, eso implica que los empleados también tendrán que irse.

Además, los cambios son un aspecto importante de nuestra vida personal. Existen relaciones que deben terminar, prácticas y facetas que deben ser abandonadas y etapas de la vida a las cuales se les debe poner un punto final para dar cabida a las que vendrán después. A menudo, el rompimiento de una relación, el fin de una amistad o actividad, o el término de compromisos son señales del inicio de una nueva vida. Es un paso imprescindible al cual llamo podar lo innecesario, un concepto que examinaremos con mayor detalle en el capítulo dos.

Algunos cambios no suceden de manera natural, pero simplemente son necesarios. Desearíamos que no lo fueran, pero lo son. Suceden no porque andemos en busca del crecimiento para llegar al próximo nivel, sino porque algo ha salido mal. Se dice que hay algunas cosas que mueren y hay otras que necesitamos matar.

En muchas ocasiones, los negocios se estancan en algo que no funciona, y el paso necesario que los líderes deben dar es cerrarlos o salirse de ellos. Los negocios han fracasado y ya no se pueden arreglar. En otros casos, las empresas han mantenido, durante mucho tiempo, un personal ineficiente que necesita ser despedido. Por otro lado, algunas personas deberían abandonar ciertos empleos que les causan daño.

En el ámbito personal, podemos quedar enfrascados en situaciones o relaciones perjudiciales, problemáticas o tóxicas, a las cuales hay que ponerles un punto final. En ocasiones, no necesitamos terminar relaciones sino comportamientos, por ejemplo, patrones y prácticas destructivas que nos estorban. En muchos ámbitos, a menos que dejemos ir lo malo, nunca encontraremos lo bueno. La lección es esta: lo bueno no puede iniciar hasta que lo malo termine.

Ya sea para una vida normal o una problemática, los cambios son necesarios. Así como los *Byrds* nos lo recuerdan en la canción de los sesenta «*Turn, Turn, Turn*» [Vuelta, vuelta, vuelta]: hay un tiempo para todo. Extraído de Eclesiastés, el mensaje es que existe un tiempo para que las cosas inicien y un tiempo para que terminen, y esa es la manera como la vida funciona. Quizá has escuchado o leído este pasaje famoso muchas veces; no obstante, échale un vistazo nuevamente, y concentra tu atención en la función recurrente de los cambios a lo largo del texto:

> *Todo tiene su momento oportuno; hay un tiempo para todo lo que se hace bajo el cielo: un tiempo para nacer, y un tiempo para morir; un tiempo para plantar, y un tiempo para cosechar; un tiempo para matar, y un tiempo para sanar; un tiempo para destruir, y un tiempo para construir; un tiempo para llorar, y un tiempo para reír; un tiempo para estar de luto, y un tiempo para saltar de gusto; un tiempo para esparcir piedras, y un tiempo para recogerlas; un tiempo para abrazarse, y un tiempo para despedirse; un tiempo para intentar, y un tiempo para desistir; un tiempo para guardar, y un tiempo para desechar; un tiempo para rasgar, y un tiempo para coser; un tiempo para callar, y un tiempo para hablar; un tiempo para amar, y un tiempo para odiar; un tiempo para la guerra, y un tiempo para la paz.*

Los cambios no solo son parte de la vida; son un requisito para vivir y crecer, ya sea en lo profesional o en lo personal. Estar vivo significa que, en ocasiones, tendremos que matar cosas en las cuales alguna vez estuvimos involucrados, arrancar de raíz lo que antes cultivamos y derribar lo que una vez edificamos. Es necesario abstenernos, renunciar, desechar, derribar y rechazar lo que una vez valoramos. El cambio es la razón por la cual no estás casado con la novia o el novio de la secundaria, o por la que no sigues trabajando en tu primer empleo. No obstante, sin la habilidad de hacer cambios de forma apropiada, luchamos por mantenernos a flote, nos estancamos y fracasamos en nuestro intento de alcanzar las metas y los sueños. O lo que es peor, nos quedamos atorados en situaciones dolorosas y, en ocasiones, destructivas. Los cambios son decisivos, pero pocas veces son de nuestro agrado, de ahí el problema.

POR QUÉ EVITAMOS LOS CAMBIOS

Los cambios son necesarios; sin embargo, la verdad es que a menudo no los ejecutamos de la mejor manera. Aunque los necesitamos para traer buenos resultados a nuestra vida o para enmendar aquellas situaciones negativas, la realidad es que, con frecuencia, la mayoría de nosotros evita los cambios o los estropea.

- Dejamos pasar el tiempo cuando deberíamos ponerle fin a algo de inmediato.
- No sabemos si el cambio es necesario, o si «eso» o «él» se puede arreglar.
- Tememos a lo desconocido.
- Tememos a la confrontación.
- Tememos herir a alguien.
- Tememos dejar ir algo y a la tristeza subsecuente al cambio.
- No poseemos las habilidades para llevar a cabo el cambio.
- Ni siquiera sabemos las palabras correctas a emplear.
- Hemos vivido tantos cambios dolorosos en nuestro historial personal que deseamos evitar otro.
- Cuando los cambios son forzados, no sabemos cómo sobrellevarlos y luchamos por mantenernos a flote o nos hundimos.
- No aprendemos de ellos, así que cometemos los mismos errores una y otra vez.

Pregunta: al reflexionar sobre esta lista, ¿puedes recordar algún momento en el que estas razones interfirieron en el cambio que necesitabas hacer?

El recuento de la crisis financiera mundial de 2008 ha requerido «reajustes» importantes e inesperados en empresas grandes, y ha forzado a muchas a comenzar una reestructuración dolorosa y significativa. Al mismo tiempo, la crisis también sacó a la luz una gran cantidad de problemas que por mucho tiempo habían sido evidentes pero nunca se había hecho nada para solucionarlos. *Había cambios en espera, cambios necesarios, pero no se habían ejecutado.* ¿Por qué ocurre esto?

Por ejemplo, por fin la industria automotriz estadounidense se vio obligada a deshacerse de marcas cuyos costos de producción superaban sus ganancias. Con toda seguridad, los contadores habían hecho sus cálculos, pero los cambios necesarios no se ejecutaron sino hasta que la crisis o el tribunal de quiebra forzó a enfrentar el asunto, ¿por qué?

Muchos otros negocios dieron un paso al frente y eliminaron la burocracia innecesaria solo para después caer en la cuenta de que tales medidas debieron haberse adoptado mucho antes. La crisis económica les había dado el impulso necesario para hacer lo que debían haber hecho en un tiempo previo. Durante los meses que siguieron al colapso, muchos líderes me expresaron cosas como las siguientes: «En parte, esta crisis fue buena para nosotros. Debimos haber hecho estos cambios hace muchos años atrás».

Luego, la pregunta para el crecimiento del liderazgo se transformó en: «¿Por qué no lo hiciste?». Descúbrelo y la próxima vez no esperarás a hacerlo. De la misma manera, muchos líderes también me dijeron que agradecían que la crisis les hubiera dado la excusa para quitar aquel personal que servía de estorbo e impedían que la compañía se dirigiera en la dirección que necesitaba. Nuevamente, la pregunta: «¿Por qué se encontraban aún esas personas en la compañía?».

LA RAZÓN VERDADERA
Por lo general, las respuestas a la pregunta «por qué» tienen poco que ver con los negocios en sí mismos. A menudo, no existen buenas razones empresariales para esperar a hacer algo que debe hacerse de inmediato. Desde luego, es prudente no ejecutar cambios cuando existe la posibilidad de daños colaterales en otros aspectos del negocio u otros asuntos estratégicos; no obstante, eso es la excepción, no la regla. La razón verdadera es la siguiente:

Algo del carácter personal de los líderes se interpone en su camino.

Los líderes son humanos, y como tales tienen problemas que obstaculizan los mejores planes, ideas y acciones. Y cuando se trata de cambios, nunca faltan problemas que hacen que las personas se sientan estancadas.

En algún punto del proceso, no hemos adquirido el discernimiento, el valor y las habilidades necesarias para iniciar, concluir y completar esos cambios necesarios. No estamos listos para ir donde deberíamos ir. Por lo tanto, no vemos con claridad la necesidad de terminar algo, mantenemos falsas esperanzas o simplemente no somos capaces de *hacerlo*. Como resultado, quedamos atrapados en lo que ahora debería ser nuestro pasado. Esas habilidades no solo faltan en el mundo de los negocios, sino también en el ámbito personal.

Piensa ahora en el omnipresente síndrome de los que «no han emprendido el vuelo»: aquellos que están en sus veintes o treintas y todavía viven con sus padres. No pueden ponerle un punto final a su niñez y entrar a plenitud en la adultez. Sin embargo, a menudo el problema más grande es la incapacidad de los padres de detener el patrón de dependencia enfermiza y empujar al ya crecido «niño» fuera del nido. Se rehúsan a terminar con su rol de «ayudadores» que, de hecho, no ayuda en nada. Otro ejemplo trágico es la incapacidad de algunas mujeres para emprender el vuelo cuando han sido abusadas. Sus temores y vulnerabilidades las mantienen atrapadas en patrones destructivos que deberían terminar. Asimismo, en el mundo laboral, y a causa del temor a perder la seguridad, algunos no pueden deshacerse de los empleos que los mantienen atrapados e insatisfechos. En resumen, no estamos listos para dar el siguiente paso, que en verdad necesitamos dar.

Los cambios que debemos ejecutar de manera activa no son los únicos problemáticos; también lo son los cambios que se nos imponen a la fuerza, aquellos que no escogemos y que tampoco podemos hacer de manera apropiada. En consecuencia, permanecemos estancados y presos del dolor, incapaces de llegar a una nueva fase de la vida. Estos cambios pueden incluir el divorcio, un despido, quedar cesante, la muerte de un ser querido, el fin de una amistad, una enfermedad crónica, entre otros. No escogemos estos cambios; las personas en las que confiamos son quienes los causan o, en ocasiones, son el producto de un incidente espantoso en nuestra vida. Si no estamos preparados o hemos experimentado otras pérdidas, estos cambios pueden destruirnos, deprimirnos, desestabilizarnos, a veces durante años.

Si no logramos terminar las cosas de manera apropiada, *estamos destinados a repetir los mismos errores que nos impiden avanzar.* Nuevamente, escogemos el mismo tipo de persona disfuncional o el empleo desalentador. Al no aprender de nuestras lecciones y no enfrentarlas de forma activa, repetimos los mismos errores en los negocios o en el ámbito personal una y otra vez. Aprender a ejecutar un cambio y asimilar la experiencia de manera apropiada nos permiten sobrepasar los patrones de comportamiento que pudieron haber sido de tropiezo. No hay necesidad de repetir los mismos patrones.

Cambios Necesarios tratará estos asuntos de forma que puedas mejorar tu negocio y tu vida personal. Mi objetivo es brindarte el conocimiento de prácticas y principios que puedes utilizar de inmediato para:

- Que te des cuenta de la necesidad absoluta de algunos cambios en tus negocios o en tu vida.
- Prepararte para evaluar si tus negocios o relaciones pueden mejorar o si deberían terminar.
- Prepararte para evaluar qué tipos de personas merecen tu confianza y quiénes no.
- Que *los cambios* se conviertan en un término común en el lenguaje de tu trabajo, de manera que podar lo innecesario y seguir creciendo se conviertan en parte de la cultura.
- Interiorizar la idea de los cambios, de manera que los esperes y que no te sorprendan. Así, serás capaz de sobrellevarlos como una parte normal de lo que haces.
- Ayudarte a que, de hecho, te sientas cómodo con los cambios.
- Ayudarte a entender por qué no has superado algunos cambios de manera exitosa.
- Mostrarte cómo realizar los cambios apropiadamente.
- Crear la visión y la energía para un mejor futuro a medida que te liberes, y
- Ayudarte a no repetir los mismos errores una y otra vez.

Los cambios son parte de cada aspecto de la vida. Si se llevan a cabo bien, los ciclos de la vida se superan, y los cambios adecuados nos llevan al fin del dolor, a un mayor crecimiento, a la consecución de metas en los negocios y al mejoramiento de la vida. Los cambios traen esperanza.

Si no se llevan a cabo bien, los resultados son negativos, se pierden buenas oportunidades y la miseria se mantiene o se repite. Así que fortalezcámonos para escoger los cambios necesarios, para llevarlos a cabo de manera apropiada y para obtener los mejores resultados que todos deseamos.

Capítulo 2

Podar: El crecimiento ocurre si nos deshacemos de lo indeseado y lo superfluo

No soy bueno para la jardinería. Por alguna razón, en la fábrica no me implantaron el microchip de jardinero. Sin embargo, siempre he sentido gran admiración por aquellos que son buenos para sembrar plantas, en especial, las rosas. Si alguna vez has visto un rosal saludable y exuberante, en plena floración, entenderás la admiración que su jardinero merece por cuidar de esa belleza. Pero, ¿cómo lo logran? Ciertamente, existe talento y arte detrás de cada bello jardín. Pero también existe un método detrás de esa hermosura, el cual se llama: *podar lo innecesario*. Es el proceso de tomar la iniciativa para hacer cambios. Resulta que un rosal, al igual que otras plantas, no puede alcanzar su potencial máximo sin pasar por un proceso sistemático de poda. De manera intencional y con un propósito en mente, el jardinero corta las ramas y los capullos que pertenecen a una de las siguientes tres categorías:

1. Ramas y capullos saludables que no son los mejores.
2. Ramas enfermas que no se recuperarán.
3. Ramas muertas que reducen el espacio para que las sanas crezcan.

Primer tipo de cambio necesario
Los rosales y otros tipos de plantas producen más capullos de los que pueden sostener. La planta cuenta con vida y recursos suficientes para alimentar y

nutrir solo a unos cuantos capullos para que alcancen su potencial máximo; no puede hacer que todos lo capullos florezcan. Para que la planta crezca, se debe podar un cierto número de capullos. El cuidador, de manera constante, examina las ramas para ver cuáles capullos son dignos de recibir la limitada energía y el sostenimiento de la planta, y corta los demás. Los poda. Se deshace de esos capullos para siempre, y pone fin a su rol en la vida de la planta así como a la necesidad de esta de desviar recursos para sostenerlos.

Al hacerlo de esa manera, el jardinero libera los recursos necesarios para que la planta pueda dirigirlos a los capullos con el mayor potencial de convertirse en rosas maduras. Esos capullos reciben lo mejor que la planta les puede dar y se desarrollan a plenitud. Pero el rosal no podría hacerlo sin la poda. Esta es una necesidad en la vida del rosal. Sin los cambios, no puedes obtener las mejores rosas. Ese es el primer tipo de cambio necesario.

Segundo tipo de cambio necesario
Algunas ramas están enfermas o afectadas y nunca podrán florecer. Por un tiempo, el jardinero puede cuidarlas, fertilizarlas y alimentarlas para convertirlas en ramas saludables. *Sin embargo, en algún momento, se dará cuenta de que más agua, más fertilizante y más cuidado no serán de mucha ayuda*. Por alguna razón, las ramas no se recuperarán y tampoco se convertirán en lo que él necesita que sean para crear el cuadro completo de belleza deseado para el rosal y el jardín. Esas ramas son las próximas en ser podadas, es el segundo tipo de cambio necesario.

Como resultado, el rosal ahora cuenta con *más* energía y vida para los capullos saludables. Ahora, la planta puede llevar a cabo su misión a plenitud. Puede concentrar su energía en la alimentación diaria y el crecimiento de los capullos destinados a florecer y madurar.

Tercer tipo de cambios necesarios
Luego, están las ramas y los capullos muertos que ocupan espacio. Las ramas saludables necesitan ese espacio para alcanzar su longitud y altura, pero no se pueden extender cuando las ramas muertas las fuerzan a doblarse y encorvarse. Deberían estar creciendo derecho para alcanzar la meta. Para darles espacio y camino libre a las flores y las ramas saludables para su crecimiento, las muertas se deben cortar. Este es un ejemplo del tercer tipo de cambios necesarios.

La poda le permite al rosal y a otras plantas alcanzar su máximo potencial. Sin esta, a lo mucho se convierten en plantas con una belleza promedio, y no llegan al diseño para el cual fueron creadas. Si lo piensas, no debería haber un rosal con belleza promedio, ya que, por naturaleza, no hay nada de común en los rosales. Han sido diseñados para poseer una belleza y una exuberancia increíbles. Pero si no se podan de manera apropiada, esos resultados nunca se obtienen. Al igual que los rosales, tu negocio y tu vida también necesitan los tres tipos de poda para convertirse en lo que tú deseas que sean.

PODAR TU NEGOCIO Y TU VIDA
Busca en el diccionario la palabra *podar* y descubrirás frases como las siguientes:

Cortar o quitar las ramas superfluas de los árboles, vides y otras plantas para que fructifiquen con más vigor.

¡Caramba, si tan solo pudiéramos liderar y vivir con esa determinación! En la simple palabra *podar* se encuentra el meollo de los cambios necesarios.

Eliminar de nuestra vida o negocio aquello cuyo alcance es indeseado o sobrante.

En el mundo de los negocios así como en la vida, llevar a cabo los tres tipos de cambios necesarios antes descritos es lo que caracteriza a las personas que producen resultados. (1) Si una iniciativa está desperdiciando los recursos que pudieran servir para algo más prometedor, entonces se poda. (2) Si un esfuerzo está afectado y no se recuperará, se poda. (3) Si es obvio que algo ya está muerto, se poda. Esa es la fórmula tripartita para hacer bien las cosas en casi cualquier ámbito de la vida.

Deberías deshacerte de aquellos aspectos de tu vida y tu negocio que requieren de tus limitados recursos (tiempo, energía, talento, emociones, dinero) pero que no están cumpliendo la visión que tenías para ellos. Al igual que un rosal que no ha sido podado, tus esfuerzos solo serán más del montón o del promedio si no los podas. Y aquí tienes el punto clave: cuando me refiero al promedio, no lo digo de forma absoluta. No hay nada de malo con estar en medio de la curva normal en muchos aspectos de la vida, ya que eso puede significar el éxito para una persona o al menos para esa dimensión de la vida. Algunos de mis amigos tienen pequeñas empresas de un tamaño inferior al promedio en sus mercados u otra forma de medición, pero sus empresas son óptimas y pujantes en su contexto y para su propósito. Cientos de empleados y decenas de millones de dólares son grandes logros para un negocio y para una vida con determinados talentos, sueños y oportunidades. Quizá no sean del tamaño de Microsoft, pero han alcanzado la *madurez completa en sus compañías o vidas. Viven y se desarrollan al máximo. No obstante, sin la poda, nunca lo hubieran logrado.* De igual modo, si Microsoft u otra compañía de mayor tamaño que reciba decenas de miles de millones en ganancias *no* están podando solo porque son grandes, aún pueden entrar en la categoría del «promedio» en relación a su propio potencial. Realmente, pueden quedarse atrás de donde deberían estar.

Así que esta es la pregunta: ¿Estás obteniendo resultados promedio en relación al punto *donde tu negocio o equipo se supone que debería estar?* En otras palabras, con tus habilidades, recursos, oportunidades, etcétera, ¿estás alcanzando todo tu potencial? O ¿te diriges a un punto medio por debajo del lugar donde deberías estar si utilizaras todo lo que eres y todo lo que tienes? Cuando no efectuamos la poda, ocurren resultados promedio o peores.

Con frecuencia, aunque no podar puede acarrearnos terribles resultados, persistimos en evitar la poda a causa del miedo, el dolor y el conflicto. Sin embargo, para lograr el éxito, *debemos* podar. ¿Qué sientes ante esto? ¿Conflicto? Bienvenido a la confusión interna de los cambios necesarios.

ESCUDRIÑAR
En los próximos capítulos, revisaremos los orígenes de nuestra tendencia a evitar la poda y cómo identificar y resolver esos problemas. Pero antes de ir a lo específico, quiero pedirte que te hagas algunas preguntas. En verdad, hazte estas preguntas. Y si estás trabajando con tu equipo en esto, háganse las preguntas de manera conjunta.

- **¿Cuál es tu reacción intelectual a la idea de podar lo innecesario?** ¿Coincides u objetas las tres categorías de poda antes descritas (demasiados capullos, capullos enfermos que nunca se recuperarán y capullos muertos que ocupan espacio)? Si estás trabajando en equipo, ¿sienten todos lo mismo en relación al asunto? Si no, ¿en qué consiste la diferencia de opiniones? Discute esto abiertamente.

- **¿Cuál es tu reacción emocional a la idea de podar lo innecesario?** ¿Te revuelve el estómago? ¿Sientes que es malvado o desconsiderado cuando se trata de personas? ¿Te hace sentir ansiedad de alguna manera? ¿Te sientes con más energía? ¿Todas las anteriores? Si estás trabajando en equipo, ¿de qué manera difieren sus reacciones emocionales? Discute estas preguntas abiertamente.

Es de vital importancia considerar estas preguntas, ya que todo lo que sigue tiene como fundamento la premisa de que podar es indispensable, natural y beneficioso para todo lo que tiene vida. Lo necesitamos para desarrollarnos (como lo vimos en el capítulo uno), así como en las relaciones y los negocios. Lo necesitamos cuando las cosas salen bien y cuando salen mal; es una parte natural de las etapas de la vida, y es un requisito para el crecimiento.

Si aceptamos la premisa de que podar es indispensable, pero notamos una disconformidad emocional con esta, nos costará desarrollar nuestra visión del futuro y nuestro potencial. Pero si hoy mismo te das cuenta de tu resistencia y tus conflictos internos, podrás comenzar a enfrentarlos y a trabajar en ellos. Si tienes una antipatía intelectual por el concepto de podar, te pido entonces que lo reconozcas y que estés de acuerdo con no emitir juicios hasta que hayas leído más.

Escribe tus respuestas a esas preguntas. Volveremos a ellas más tarde cuando revisemos la manera en que nuestra oposición funciona. Aunque basta decir que todos tenemos estos conflictos, y que percatarnos de ellos y enfrentarlos constituye un paso importante para llegar a donde deseamos ir.

Les muestro un ejemplo reciente de una sesión de entrenamiento profesional con Ellen, una ejecutiva de alto nivel de una compañía multimillonaria. Hacía poco había sido ascendida de los niveles administrativos a un puesto superior de liderazgo. Como resultado, Ellen era responsable de elaborar la estrategia organizacional que anteriormente había ejecutado. Sabía que enfrentaba algunos desafíos para lograr la transición.

—Si voy a hacer que esto funcione, si vamos a avanzar de aquí hasta allá, algunas personas que han tenido roles de liderazgo tendrán que irse, porque simplemente no son líderes. Y en la nueva estructura realmente necesitamos verdaderos líderes. No alcanzaremos nuestras metas a menos que hagamos este cambio —dijo.

Entonces, le pregunté:

—Sí, y ese será tu rol. De ahí que, ¿en cuál aspecto no te sientes a gusto?

—Para muchos de ellos será terrible descubrir que no tienen roles de liderazgo en la nueva estructura —dijo—. A lo largo de mi carrera, he tenido la costumbre de siempre pensar en las personas a quienes dirijo e imaginarlas conduciendo sus automóviles del trabajo a sus casas. Imagino el estado de ánimo en el que se encuentran, y deseo que se sientan en plena forma y entusiasmadas por el día que han tenido en la empresa. Me esfuerzo para hacer que esos momentos en el automóvil sean lo más positivo posible. Pero si hago lo que debo, habrá viajes de regreso a casa muy negativos. Cuando pienso en ello, topo con un muro. Es como si tuviera que caminar en dos direcciones diferentes en mi interior —explicó.

—Pareciera que piensas que lo «negativo» es malo —reflexioné.

—Bueno, por supuesto que lo es. No quisiera que pasaran por ese tipo de día —dijo.

—¿Alguna vez te han extraído un diente con caries? —pregunté.

—Claro que sí.

—¿Te sentiste bien de regreso a casa? —pregunté.

—No, fue terrible —replicó (entre risas).

—Bueno, eso fue negativo ¿o no? —inquirí—. Si defines *negativo* como una sensación horrible, estoy de acuerdo con que lo fue. Pero si lo defines como *doloroso*, no lo llamaría negativo sino positivo. El hecho de que el dentista te infligiera dolor no fue, de ninguna manera, dañino. De hecho, resultó ser un incidente positivo, ¿verdad? ¿Algo que trajo sanidad? —pregunté.

—Sí, así fue —contestó.

—Existe una gran diferencia entre *dolor* y *daño*. Todos, en algún momento, hemos sentido dolor al enfrentar verdades difíciles, pero eso nos hace crecer. Puede ser una fuente de enorme crecimiento que no es dañina. El daño ocurre cuando hieres a alguien. Por lo general, enfrentar la realidad no es una experiencia dañina, aun cuando acarrea dolor.

Pude ver en la expresión del rostro de Ellen que comenzaba a captar las implicaciones de lo que yo estaba diciendo.

—*Como líder, tienes que replantear lo negativo y lo positivo.* Hacer lo mejor y lo correcto para la empresa y para las personas es positivo. Y casi siempre, ayudar a alguien a ver que no es la persona correcta para un puesto es uno de los favores más grandes que le puedes hacer. Solo existen tres posibles resultados de hacer esto, y dos de ellos son buenos. El otro también es bueno, ya que si sucede, de seguro tenías a la persona equivocada en ese puesto —le dije.

—¿Cuáles son los resultados? —preguntó.

—Primero, si la persona descubre que no está funcionando bien, puede mejorar su desempeño y convertirse en alguien que puede alcanzar metas. Tu intervención le habrá ayudado a enfrentar la realidad sobre sí misma y avanzar. Si tú no lo haces, el próximo jefe tendrá que hacerlo, y la persona habrá perdido un año o cinco y tendrá que enfrentar el dolor otra vez. Así que tú le habrás ayudado a enfrentar la verdad sobre sí misma y a mejorar.

»Segundo, es probable que a la persona se le haya asignado una función equivocada y que necesita descubrirlo. Muchas, muchas veces cuando alguien es separado de un puesto, puede deberse no a la falta de talento, sino al hecho de que se encuentra en el puesto o el negocio equivocado. Su remoción le permite enfrentarlo; se encuentra a sí misma, y sus siguientes cuarenta años serán grandiosos. Tú le habrás ayudado a salir del camino del fracaso y a encaminarse al del éxito. Este es otro de los grandes favores que le haces.

»El tercer resultado posible (el cual es una prueba diagnóstica) consiste en que la persona no puede ver que necesita mejorar, o que intenta hacer cosas para las cuales no está preparada, o que te culpa a ti o a la compañía por su fracaso y se aleja llena de amargura. No es capaz de ver la verdad y utilizarla. Te odia y se considera víctima de tu liderazgo. Si eso sucede, descubrirás que es posible que tenías a alguien sin capacidad de aprender en un puesto clave (después hablaremos sobre cómo hacer diagnósticos), y habrás protegido a la empresa y a ti misma de sus efectos.

»Aunque triste, es cierto que algunas personas no pueden enfrentar la verdad cuando esta causa incomodidad, *pero esa no puede ser la razón que dirija tus decisiones.* Por lo tanto, en ese caso, tendrás suerte de descubrir el asunto y de deshacerte del pobre desempeño de esa persona y, aun más, te habrás librado de sus arraigadas actitudes en cuanto a la retroalimentación —le dije—. Y recuerda, el resultado principal de todo esto es que habrás sido capaz de encaminar a la empresa y a ti misma en la ruta a lograr que la visión se convierta en una realidad. Esa es tu gran responsabilidad.

—¡Caramba! —respondió—. Nunca había imaginado que causar dolor a alguien podía resultar en algo positivo. Eso puede hacer que la tarea resulte más fácil de ejecutar.

Ciertamente, Ellen y yo seguimos hablando de que el objetivo no es causar dolor a las personas, pero, en ocasiones, la realidad misma lo hace. La realidad a veces nos hace enfrentar cosas dolorosas, y eso puede ser algo bueno. Para Ellen, esa conversación fue un cambio de paradigma que le permitiría podar «sin conflictos», un concepto del cual escucharemos más en las siguientes páginas.

¿HACIA DÓNDE VAMOS AL PODAR LO INNECESARIO?

Cuando hablamos de cambios necesarios, una cosa es entender la razón teórica de las tres categorías de poda (bueno pero no el mejor, enfermo que no se recupera y muerto desde hace tiempo), pero otra cosa completamente diferente es aplicar esos conceptos a la vida real. No podemos realizar los cambios necesarios solo en la teoría, de ahí que estos tienen que ser claros en la realidad. La pregunta es: ¿cómo definimos la realidad?

Cuando se poda un rosal, el primer paso consiste en preguntarse: «¿Cómo se debería ver un rosal?», en otras palabras, debes conocer los estándares que te *guían para podar*. El jardinero conoce la apariencia de un capullo, una rama o una rosa saludable y poda lo innecesario con esa imagen en mente. Lo mismo es válido para la vida y los negocios: necesitamos tener una buena definición de lo que deseamos ver como resultado y podar lo innecesario apuntando al mismo.

Para Ellen, el estándar era la meta de crecimiento que la empresa se había planteado. La visión que el director general había establecido estaba clarísima. Es por eso que el haber sido asignada a su nuevo cargo con esa visión había definido lo que ella debía hacer y había puesto el conflicto en el tapete. Eso había *forzado el momento de la poda*. Ese momento consiste en la claridad de entendimiento cuando nos responsabilizamos de tomar la decisión de apropiarnos de la visión o no. Si la hacemos nuestra, debemos podar. Si no, habremos decidido apropiarnos de la otra visión, la que conocemos como el promedio. Es el momento de la verdad que encontramos casi todos los días en muchas, muchas decisiones. Para Ellen, la instrucción del director general había forzado el momento de la poda. Ella sabía que si lo eludía, tal como su conflicto interno la impulsaba a hacerlo, no lograría apropiarse de la visión.

Así que, el primer paso, tanto para ti como para tu negocio, es ponerle nombre a «la rosa», es decir, definir el estándar u objetivo por el cual estás podando. No existen respuestas correctas, pero si no tienes claro lo que quieres lograr, no sabrás por dónde comenzar a hacer los cambios necesarios.

Uno de mis ejemplos favoritos al respecto es la historia de Jack Welch, de General Electric (GE). Welch es uno de los podadores más conocidos en los anales de los negocios. Su enfoque ilustra el éxito que la poda puede crear así como el conflicto que esta, de manera inherente, saca a la superficie.

Welch utilizaba cuatro estándares para tomar decisiones en torno a la poda. Bajo su liderazgo, GE aumentó sus ganancias de veintiséis mil millones de dólares a más de ciento treinta mil millones, y su precio de marcado se incrementó de catorce mil millones de dólares a más de cuatrocientos diez mil millones, lo que convirtió a GE en la compañía de mayor valor en ese entonces. Estos son los cuatro estándares que Welch utilizaba para contestar la pregunta: ¿hacia dónde vamos al podar lo innecesario?

1. Si un negocio de GE no podía ser el número uno o dos en su mercado, sería eliminado.
2. Cualquier negocio que estuviera en problemas (enfermo) sería «arreglado, cerrado o vendido».
3. Cada año, GE despediría al diez por ciento de su fuerza de trabajo en los niveles inferiores.
4. Welch se desharía de las capas de la burocracia de la compañía que retrasaban la comunicación, la productividad y las ideas.

Estos criterios nos muestran una imagen clara de los objetivos de GE para el momento de la poda. Como puedes ver, esta saca el conflicto a la superficie de forma natural. Por un lado, el éxito de GE era innegable. Además del crecimiento y los resultados de valor mencionados, doce de las catorce líneas de negocios de GE llegaron a convertirse en líderes de sus mercados. Por otro lado, el éxito le otorgó a Welch el sobrenombre de Jack Neutrón, en referencia a la bomba de neutrones, ya que más de cien mil personas fueron despedidas durante su tiempo en la empresa. El principio de despedir al diez por ciento de la fuerza laboral forjó una imagen negativa en la mente de muchas personas.

Los estándares de Welch ilustran muchos componentes de la poda. A todas luces, convertirse en la primera o la segunda empresa del mercado demuestra la recompensa de cortar aquellos capullos que están vivos y creciendo *pero que no son los que llegarán a la cima*. Recuerda, he dicho que una planta producirá más capullos de los que puede sostener, y que el jardinero necesita decidir, sobre la base de ciertos criterios, cuáles permanecerán y obtendrán los nutrientes del tallo. Para GE, este concepto se activa al ser la primera o la segunda empresa en el mercado. *Es algo muy real que las personas, así como las compañías, comenzarán a acumular y tener más actividades de las que puedan sobrellevar de manera razonable.* Algunas de ellas pueden ser buenas, pero consumen los recursos que las mejores actividades necesitan. Así que siempre tendrás que escoger entre lo bueno y lo mejor. Esta situación es particularmente difícil para las personas creativas pues les hace perder el enfoque, al crear más cosas de las que pueden mantener o en las que pueden concentrarse. Son atraídas a cada idea como si todas fueran iguales y tratan de mantenerlas vivas. En lugar de tener una lista de cosas por hacer, mantienen un *montón* por hacer. Avanzan rápidamente a ninguna parte.

Los estándares de «arreglar, cerrar o vender» de Welch se relacionan con el segundo tipo de cambios necesarios: siempre habrá enfermedad. Las personas y las empresas tienen problemas. Nuestra responsabilidad es siempre «aceptar la realidad negativa», tal como escribí en mi libro *Integridad*. La *manera* en que lidiamos con la realidad debería diagnosticar si un problema o una persona puede tener solución. Aunque veremos esto más adelante en las secciones sobre el diagnóstico, por ahora el punto es que *no deberíamos enfrentar las realidades negativas de forma obsoleta una y otra vez.* En algún momento, tendremos que determinar si nuestros esfuerzos por hacer que un negocio tenga éxito o por lograr que una persona mejore verán resultados. Hacer lo mismo una y otra vez y esperar resultados distintos no es solo descabellado sino también la receta para permanecer estancado sin obtener la rosa que deseas.

Tus esfuerzos por arreglar algo también deberían incluir una evaluación realista del potencial de recuperación y si estás albergando falsas esperanzas. Por naturaleza, los líderes a menudo son optimistas y están llenos de esperanza, pero si no tienes criterios con los que puedas distinguir entre el optimismo legítimo y las falsas esperanzas, no podrás obtener los beneficios de la poda. *A veces, lo mejor que un líder o cualquier otra persona puede hacer es renunciar a tener esperanza en lo que se están esforzando.* Así como leemos en Eclesiastés, existe un tiempo para desistir. Las personas sabias saben cuándo renunciar. Los ganadores no desperdician su dinero después de haber obtenido malos resultados. O como dice la canción: «Saben cuándo detenerse y saben cuándo retirarse». Con claridad, la frase que Welch utilizaba «arreglar, cerrar o vender» implica que habrá criterios de diagnóstico que obligarán el momento de la poda. Algunas personas tienen este mantra: «Arreglar, arreglar o arreglar», pero nunca lo logran porque esa rama, ese capullo o esa persona simplemente no podrá ser arreglada, punto. Es tiempo de seguir adelante.

El mantra de «despedir al diez por ciento de los niveles inferiores» es, obviamente, una idea de poda que abarca las tres categorías: bueno pero no el mejor, enfermo que no se recupera y muerto desde hace tiempo. Estoy seguro de que en el diez por ciento de los niveles inferiores de GE, se hallaban buenos miembros, otros que no tenían arreglo y otros que no producían nada, es decir, árboles muertos. Puedo entender por qué muchas personas se molestaron por esa estrategia permanente de despedir empleados. Pero estoy seguro de que, de manera rutinaria, en cada organización y en cada vida se puede hallar *un número* de personas que se *«deben ir»*, si el liderazgo hace su tarea de mayordomía. Lo natural es que haya personas buenas que no son las correctas para ti; otras, aunque lo nieguen, que no van a cambiar, y otras que no aportan nada. *Siempre*. Así que si nunca nadie sale de tu organización o tu vida, te encuentras en una especie de negación y permites que la enfermedad se esparza y se acumule en todo el lugar. He descubierto que esto es muy común en muchas empresas que «valoran a las personas». Valorar es bueno, pero a veces eso no les permite a las empresas hacer lo que realmente cuenta como valorar a las personas.

Así que, ¿era Welch en verdad una bomba de neutrones? Dejaré que tú lo decidas. Mi punto no es que debes tener una estrategia para despedir a cierto porcentaje de personas; mi punto es que si en verdad estás liderando, *despedirás* a *cierto* porcentaje. Es un hecho que casi salta a la vista. Si no despides a alguien en algún momento, probablemente algo anda mal.

La intolerancia que Welch sentía por la burocracia ilustra el concepto de la poda de que existen algunas ramas que simplemente estorban. No aportan nada y, en definitiva, se interponen en el crecimiento de los otros capullos. En la mente de Welch, las capas de la burocracia evitan que las ideas y las prácticas brillantes de los trabajadores crezcan y se desarrollen en la estructura de la empresa. Welch quitó las ramas del camino, y el crecimiento llevó a la empresa a niveles superiores.

El bueno pero no el mejor, el enfermo que no se recupera y el muerto desde hace tiempo ocupan espacio. Los tres se hallan en los mantras que se proclaman en GE para explicar en gran medida el crecimiento que la empresa experimentó.

En esta historia, tanto el éxito como el conflicto de la poda son muy aparentes. La poda no es fácil. Es complicada, y habrá personas a las que no les gustará, sin importar lo que hagas. Tienes que decidir cuáles son tus directrices, los valores que te guiarán al ejecutar los cambios y seguir adelante. El punto no es si haces las cosas como Welch las hizo, ya que su sistema no encaja en todos los negocios o las vidas. El punto es que sin importar cuáles sean tus metas, tu visión, tus valores o tu sistema, estos te forzarán a llegar al momento de la poda al utilizarlos como estándares para evaluar a las personas o las situaciones.

No todas las personas o actividades son rosas ni se convertirán en una. Alguna podría ser un crisantemo grande, pero recuerda, tú estás esperando rosas para tu negocio o tu vida. Así que debes comenzar por definir hacia dónde vas al podar así como los criterios por los cuales decidirás mantener o cortar un capullo. Posteriormente, dedicaremos tiempo para ayudarte a saber cuándo mantener, arreglar o cortar; por ahora, deseo enfatizar que en el primer paso debes definir quién eres y en quién quieres convertirte. Responde estas dos preguntas: ¿cómo definirías el éxito? y ¿cómo lo medirías?

Si no sabes lo que quieres, no puedes podar con un propósito. Tienes que definir lo que estás tratando de ser o construir, y después definir los estándares que utilizarás en la poda. Esa definición, así como los estándares, te llevarán al momento de la poda, en el cual o te apropias de la visión o la dejas.

Hace poco me involucré en un proyecto de entrenamiento profesional de una empresa de capital riesgo, cuyo objetivo era seleccionar a un equipo ejecutivo para el lanzamiento de un nuevo negocio. Luego de establecer al director general en su cargo, la empresa se hallaba evaluando a los candidatos para el resto del equipo principal. Pasé el día entero con ellos mientras revisaban los perfiles de los candidatos con el uso de una escala de cinco puntos, donde cinco representaba el puntaje mayor. Había buenos candidatos, pero en un momento determinado, al distanciarme del proceso, noté algo muy peculiar: el desempeño de la mayoría de ellos recibía una calificación de tres y en ocasiones, de cuatro. Debido a que el perfil de cada candidato se evaluaba individualmente, los representantes de la empresa no podían ver el panorama completo. Les advertí que si escogían a todos esos candidatos, con seguridad la nueva compañía tendría un nivel tres en rentabilidad. ¿Es esa la clase de ganancias que prometían para los fondos de capital de riesgo? Probablemente ese no era el caso. En ese momento, conversamos sobre la necesidad de tener una mejor definición de lo que era una rosa y cómo podíamos medirla.

La siguiente frase también se relaciona con el acto de la poda: «Si no saben hacia dónde se dirigen, llegarán justo a ese lugar». Define lo que estás buscando, y luego poda lo innecesario teniendo en mente esos estándares. Aquí es donde la visión, las metas y aun los equipos comienzan a tomar la forma que deseas.

MÁS QUE RECORTAR GASTOS
A veces, las personas confunden el concepto de podar con recortar gastos o con «reducir la nómina». Dicen cosas como estas: «Tienes razón. Tenemos excesos por aquí y necesitamos reducir los costos». Pero la poda no equivale a reducir costos, y cuando alguien afirma lo contrario, está pensando más como un gerente que como un líder.

En efecto, la revisión y el recorte de gastos siempre son buenas prácticas de poda. Debemos hacerlas, y, de manera permanente, debemos preguntarnos: *¿en realidad necesitamos hacer este gasto?* (¿Te has dado cuenta que muchas veces después de una reducción de gastos a los negocios les sigue yendo igual de bien?). Esta es una buena práctica de poda, pero no toma en cuenta todo el panorama.

El tipo de poda que propongo tiene que ver con *el enfoque, la misión, el propósito, la estructura y la ejecución estratégica*. Un simple recorte de gastos habría hecho que GE mantuviera en su totalidad los más de doscientos negocios de los que se deshizo, si tan solo hubiera seguido el mantra de reducir los gastos en un diez por ciento. En consecuencia, las «rosas promedio» se habrían convertido en rosas inferiores al promedio, y no estaríamos hablando de los logros de GE. Así que no se trata de simplemente «recortar gastos», como podríamos entenderlo. Estamos hablando de definir la apariencia del rosal y de podar todo lo que nos limita para realizar esa visión; ya sea bueno, malo o muerto. La naturaleza de esa visión puede ser empresarial o personal.

En los negocios y en la vida, no encontramos mucho de ese tipo de definición. Las personas se relacionan con gente y se involucran en actividades que necesitan las tres categorías de poda. Por esa razón, un recorte de costos no te permitirá obtener lo que deseas. Si persistes en hacer las mismas actividades, pero ahora «con menos recursos», obtendrás una cantidad inferior de los resultados que ya estabas cosechando y con los cuales no estabas satisfecho. No parece inteligente decir: «Tenemos resultados mediocres, así que reduciremos los recursos en las mismas áreas de enfoque para obtener mejores resultados». ¿En serio?

En tus negocios y en tu vida, no solo «cortes» y pienses que has podado lo innecesario. *Podar es estratégico.* Nos brinda dirección y una perspectiva del futuro. Con la poda, se tiene la intención de alcanzar una visión, unos deseos y unos objetivos cuantificables que se han definido con claridad. Si tienes eso, sabes qué es una rosa y la poda te ayudará a obtener una de belleza verdadera.

SUBCATEGORÍAS DE PODA

La poda no solo se aplica al panorama completo, como podar para llegar a cumplir una visión; también se aplica a categorías más pequeñas de actividades en aquellas ramitas de la vida y los negocios. A esto le llamo subcategorías de poda o podar en pequeño. Por ejemplo, veamos cómo se podría aplicar la poda en pequeño a la reunión semanal de un equipo ejecutivo, un departamento o un equipo encargado de algún proyecto. Estas reuniones sirven para tratar asuntos rutinarios (no se está despidiendo a nadie, eliminando unidades de negocio o reinventando estrategias clave). Sin embargo, el equipo podría beneficiarse de tomar un tiempo para hacerse preguntas relacionadas con las tres categorías de poda:

- ¿Cómo utilizamos nuestro tiempo en estas reuniones que son buenas y útiles pero no representan el mejor uso de nuestro tiempo?

    Por ejemplo: «Eliminemos la práctica de tomar turnos para escuchar el reporte de cada persona o departamento sobre el estado de cada proyecto. Necesitamos estar informados, pero podemos recibir esa información por correo electrónico. Utilicemos nuestro tiempo para enfocarnos en aquellas cosas que solo pueden suceder cuando estamos reunidos».

- ¿Qué cosas equivocadas estamos haciendo y que se asemejan a un enfermo que no se recupera?

    Por ejemplo: «En repetidas ocasiones, hemos intentado aprovechar estas reuniones para hacer pronósticos, pero eso nunca funciona. No podemos conseguir la información necesaria durante el desarrollo de las reuniones, y, aunque lo hemos intentado, esto resulta confuso y se vuelve una pérdida de tiempo. Dejemos de emplear nuestras reuniones para hacer eso».

- ¿Qué cosas muertas consumen espacio?

    Por ejemplo: «Todas las revisiones que hacemos de las operaciones del período anterior no aportan valor alguno a nuestro propósito actual. No vamos a ninguna parte con eso. Dejemos de hacerlo».

Aquí la idea es que la poda es necesaria no solo para un negocio o una persona puesto que la clave está en los detalles. Si tan solo las personas aprendieran a decir cosas como: «Disponemos de poco tiempo; dejemos de lado ciertos problemas y concentrémonos en las cosas por las cuales sí podemos hacer algo», o «aprovechemos nuestro tiempo», entonces utilizaríamos los recursos y las energías de mejor manera.

En el ámbito personal, también le he enseñado este método a parejas que han visto cambios inmediatos. Una pareja me comentó que, como resultado, ellos habían cambiado su «cita nocturna» semanal:

«Solíamos dedicar tiempo cada semana para tener una cita nocturna, y contratábamos a una niñera para que cuidara a los niños y así poder pasar tiempo como pareja, sin ellos. Pero salíamos y terminábamos hablando de los niños, de cómo hacer funcionar la casa y todas aquellas cosas de las que intentábamos huir. Desaprovechábamos los beneficios de la cita nocturna, y regresábamos sin sentirnos renovados como personas ni como pareja.

»Así que contestamos las preguntas sobre las tres categorías y descubrimos que había buenas maneras de utilizar el tiempo pero que no eran las mejores; que había temas de conversación que nos conducían a conflictos no resueltos, y que las formas como usábamos nuestras noches no aportaban nada.

»Entonces, decidimos dejar esas cosas de lado. Comenzamos a tener verdaderas citas románticas, como cuando éramos novios, y como antes de que llegaran los niños y que los desafíos de los quehaceres de la casa monopolizaran nuestra atención. Recordamos las primeras experiencias que juntos vivimos, y cada minuto le otorgó más vida a nuestra relación. Hicimos las cosas que solíamos hacer. Ahora, esperar esa noche romántica nos llena de emoción y esa esperanza nos sostiene a lo largo de la semana. Sin importar lo que suceda, sé que esa noche me dará energía».

Todos tus preciados recursos (tiempo, energía, talento, emociones, dinero) solo deberían orientarse a los mejores, reparables e indispensables capullos de tu vida o tu negocio. De lo contrario, lo *promedio* se instaura a tal punto que una reunión o incluso una cita nocturna no se convierte en la rosa que debería ser según su diseño. ¿Cuántas veces has escuchado a alguien que al salir de una reunión pregunta: «¿Para qué tenemos estas reuniones?». La poda podría ayudar en esto, o podría ayudar a que una pareja, que recién ha regresado a casa después de una cita nocturna, no se sienta desanimada por su matrimonio. La poda es capaz de sanar tanto las pequeñas como las grandes ramas de tu negocio o tu vida.

TAMBIÉN EN LA VIDA
He aquí un último recordatorio sobre la poda y los cambios necesarios. Estos conceptos se pueden aplicar a todos los aspectos de la vida, los negocios y las personas. Aunque este libro se enfoca en los negocios y el liderazgo, los conceptos presentados se pueden aplicar a cada ámbito en el que estés invirtiendo tus recursos y tu vida misma. Al afirmarlo, mi intención no se limita a brindarte un consejo útil para que puedas ver la vida como un terreno fértil para los cambios; tengo otra razón para afirmarlo.

La razón principal es que tu carácter como persona funciona mejor cuando estás «integrado». En mi libro *Integridad*, hablo de cómo la palabra *integridad* viene del vocablo latín para «completo», y de cómo los negocios y el liderazgo funcionan mejor cuando una persona tiene un carácter *integrado* o completo. *Este tipo de personas hablan un mismo idioma en todo lugar y mantienen el mismo carácter tanto en el trabajo como en el hogar.* Son capaces de echar mano de todas sus habilidades en ambos lugares y lograr su visión.

He visto líderes que no enfrentan los problemas personales que necesitan encarar, y, en consecuencia, su desempeño en los negocios y su vida personal se estanca. Tú eres una sola persona, y cuando integras la idea de tener un carácter completo, todas los ámbitos de tu vida mejorarán. Aprender a podar y realizar cambios necesarios son condiciones importantes para tener un carácter completo.

Por esta razón, te recomiendo que al leer estas páginas, no pienses que se trata de un libro sobre negocios o liderazgo, sino acerca de tu vida completa. En este sentido, se trata de *ti*. Tú eres el que hace los negocios y el que vive la vida, y si cambias y te conviertes en una persona capaz de ejecutar los cambios necesarios, no solo tendrás un mejor desempeño en los negocios, sino que también estarás menos propenso a criar hijos incapaces de funcionar por sí mismos en la vida, o a quedarte atascado en otros ámbitos de la vida.

Entonces, con esto en mente, marchemos hacia la idea de que los cambios necesarios son una parte normal de la vida, en lugar de verlos como problemas. Investiguemos cómo llevarlos a cabo.

CAPÍTULO 3

Acostumbrarse a los cambios: Permite que los ciclos de la vida entren en tu visión del mundo

Un amigo me presentó a Blair durante un partido de golf.

—¿En qué trabajas, Blair? —pregunté.

—¡Estoy en el negocio de los bonos! —respondió, con una energía y un optimismo desatados por la pregunta. Recuerdo que pensé: *Debe gustarle trabajar con bonos*.

—Es más que eso —agregó nuestro amigo en común—. Blair es hoy uno de los hombres más importantes del país.

—¡Vaya! Eso es estupendo. ¿Has estado en el negocio de los bonos durante mucho tiempo? —pregunté.

—No hace mucho —respondió—, esta es mi segunda carrera. Estuve en la industria farmacéutica durante mucho tiempo, y hace un par de años hice el cambio.

—¿Y has llegado a la cima de tu segunda carrera en tan corto tiempo?

—Sí, simplemente todo funcionó —añadió. Era un tipo de respuesta que debe leerse entre líneas. Como entrenador de desempeño, tenía que escuchar el resto de la historia ya que sé que ese tipo de cambios no se presenta sin que ocurran cosas buenas en la vida de la persona.

—¿Cómo pasaste de la farmacéutica a los bonos? ¿Cómo fue esa transición? —inquirí.

—Bien, yo era el dueño de una compañía que vendía un proceso químico sin futuro, así que lo abandoné justo a tiempo o después del tiempo indicado, dependiendo de cómo quieras verlo.

—¿A qué te refieres con «sin futuro»? ¿De qué tipo? —le pregunté.

—Parecía que el proceso que vendíamos se estaba volviendo cada vez menos necesario debido a otros cambios tecnológicos, y nuestras ventas lo reflejaban. Se estaba volviendo obsoleto. Cuando me puse a pensar en el futuro, no se vislumbraba un buen panorama, así que vendí la empresa, me salí de la industria, me dispuse a estudiar, obtuve la licencia de corredor de bonos y aquí estoy.

—De acuerdo, pero no eres un muchacho de veinticinco años con una mochila en su espalda montado en su bicicleta para ir a clases. ¿No era demasiado para ti? —repliqué en voz alta, mientras pensaba en los trastornos que ese tipo de cambios representa en la vida de una persona de mediana edad.

—Sí, lo era. Pensaba en mi hipoteca, mis hijos que se hallaban a punto de entrar a la universidad y en *la cantidad* de dinero que había invertido en la compañía (*lo dijo con un profundo suspiro y los ojos cerrados*). Hacer ese cambio y ver que todo eso se iba no era fácil. Pero, después de numerosas noches de desvelo, mucho esfuerzo y de tomar tiempo para pensarlo una y otra vez, mientras intentaba encontrar una manera para que funcionara, sabía que ya no había vida en el negocio. A pesar de mi arduo trabajo para hacer que funcionara, tenía que salirme y hacer algo diferente.

Así lo hizo. Y ha encontrado vida en su nueva carrera.

No obstante, me dijo que había experimentado muchas tentaciones para seguir creyendo que su antiguo negocio podía cambiar, y que muchas veces invirtió buenas sumas de dinero sin lograr el éxito: una segunda hipoteca sobre su casa, dinero adicional, todo lo requerido. Sin embargo, llegó al fin a lo que más tarde revisaremos como «el momento». *Hubo un momento en el que supo que era «tiempo» de salir.* Necesitaba terminar y avanzar.

Me impresionó tanto su valentía de comenzar una nueva carrera en esa etapa de su vida como el contraste con otro amigo a quien yo veía en una situación similar, pero con resultados diferentes. Geoff se dedicaba a un negocio cuyo tiempo de vida también había caducado por los cambios en la tecnología; sin embargo, Geoff todavía se resistía. Su compañía estaba ligada a la tecnología satelital que permitía que empresas ubicadas en distintos lugares se comunicaran entre sí, pero la tecnología web lo estaba cercando. Luego de amasar una fortuna en otra industria, había adquirido esta empresa que, en su momento, tenía un futuro prometedor. Sin embargo, en los últimos años, su mercado y sus ventajas estaban desapareciendo.

En lugar de rendirse y transformar su negocio en algo nuevo, se aferraba a la determinación de hacer que funcionara. Había convencido a más de la mitad de la junta directiva de que el negocio seguiría en pie, y ellos se rebuscaban para inyectarle fondos y mantenerlo en movimiento. Geoff conservaba ese sentido de impavidez proveniente de lo que él llamaba el atributo de liderazgo: la «esperanza», y en eso permanecía firme. Pero en mi opinión y en la de otros miembros de la junta directiva, sin mencionar los potenciales inversionistas que paulatinamente habían dejado de contestar las llamadas, lo que él denominaba esperanza era solo un deseo vano. Se dirigía al fracaso, y solo era cuestión de tiempo.

¿Cuál era la diferencia entre Geoff y Blair? ¿Era su inteligencia? ¿Su experiencia? ¿Su astucia en el mercado? No, no era nada de eso. Ambos poseían igual talento e inteligencia. Era algo más profundo.

La diferencia era cuán cómodos se sentían frente a los cambios. A Blair, su actitud le permitía darse cuenta de lo que se necesitaba hacer, y a Geoff lo llevaba a no quitarse las anteojeras.

Blair superó sus conflictos internos e inició el cambio cuando se dio cuenta de que era el momento; sin embargo, mi amigo Geoff se estrelló contra un muro. Aun las personas y los líderes más talentosos experimentan conflictos cuando se trata de finalizar algo, y, por ello, se resisten al momento de la verdad. Y no solo se resisten, a veces, ni siquiera pueden verlo. De esta forma, se encuentran en contradicción con la naturaleza misma de la vida.

HAZ DE LOS CAMBIOS ALGO NORMAL

En el capítulo anterior, te pedí que escudriñaras tus sentimientos en cuanto a la idea de podar lo innecesario, que reflexionaras sobre tus creencias en torno a los cambios y que, con toda franqueza, evaluaras en qué consistía tu resistencia a los mismos. Este es el primer paso para avanzar. El segundo paso es el siguiente:

Considera los cambios como un suceso normal y una parte usual de los negocios y la vida, en lugar de un problema.

Entonces y solo entonces serás capaz de sincronizarte con los cambios cuando ocurran. Es un asunto de tu cerebro y de cómo funciona.

Si una situación entra en el parámetro de lo normal, lo esperado y lo conocido, el cerebro humano de manera automática se arma de todos los recursos disponibles y se dispone a asimilar la situación. Pero si el cerebro interpreta la situación como negativa, peligrosa, equivocada o desconocida, emite la respuesta de pelear o morir que nos lleva a *huir* de la situación o comenzar a resistirla. Detenemos la asimilación o, de forma automática, nos dirigimos hacia otra dirección. En el contexto de los cambios, si los consideras normales, esperados y aun *buenos*, serás capaz de aceptarlos y llevarlos a cabo. Los verás como un regalo doloroso. Por otro lado, si piensas que los cambios significan que «algo anda mal para que esto suceda», te resistirás o lidiarás con ellos más tarde de lo que deberías haberlo hecho. Los cambios tienen que percibirse como una parte normal del trabajo y de la vida.

A diferencia de mi amigo Geoff, Blair no tenía más conflictos que la necesidad de pasar por el proceso normal y doloroso para llegar al «momento». Había intentado hacer que su negocio funcionara, al principio se había paralizado ante la realidad, había protestado y batallado por medio de otras estrategias, había redoblado esfuerzos en busca de nuevos clientes, en fin, había trabajado e intentado. Como cualquier otro líder, Blair enfrentaba y atacaba el problema de forma práctica; eso es perseverancia, una buena y esencial característica que a diario permite el rescate de muchos negocios de las garras del fracaso.

No obstante, *también fue capaz de reconocer el momento en que más esfuerzos no producirían un resultado diferente.* Ese es *el momento*: cuando alguien en verdad se da cuenta y sabe que algo ha terminado. Has visto la escena de las películas cuando el paciente muere, el doctor levanta la vista hacia el reloj y registra la hora del deceso. Luego, el doctor respira profundo, se quita los guantes y sale de la habitación. Ha hecho todo lo que estaba en su poder para evitar ese resultado. Pero cuando el monitor muestra el trazado plano, el doctor acepta aquello que es natural, aunque inesperado, y sale de la habitación para intentar salvar otra vida.

De la misma forma, en la vida y los negocios hay un momento en el que debemos reconocer y aceptar esa realidad. Blair fue capaz de aceptarla porque encajaba en su visión del mundo que reconoce que, en ocasiones, las cosas terminan. Su concepto de lo normal incluía el hecho de que «a veces eso sucede». Entenderlo es tan importante como la característica del liderazgo y el rasgo de la personalidad que conocemos como perseverancia. En consecuencia, Blair pudo enfrentar el momento y proseguir, y ahora se encuentra en la cima de otro campo de trabajo. Si no hubiera tenido la capacidad de hacerlo, todavía estaría hundido en su antigua empresa, y estaría esforzándose e intentando negociar con cientos de inversionistas.

Geoff, por otro lado, no ve los cambios como un aspecto normal del mundo. En su mente, si algo no está funcionando bien, la única opción es «resolver el problema» o «trabajar en las estrategias o las ventas». Su visión del mundo no le permite preguntarse: *¿ha llegado el final de esto?* Es incapaz de ver que su negocio es un producto cuyo tiempo de vida ha expirado; en lugar de ello, piensa que el equipo de trabajo solo necesita esforzarse más. La verdad es que *no existe problema alguno que resolver, más que adoptar un nuevo puñado de problemas.*

Eso no quiere decir que la compañía de Geoff tiene que morir por completo, pero no sobrevivirá si él no erradica su énfasis actual en el producto y lo transforma en algo nuevo y diferente. Sin embargo, Geoff no puede hacerlo porque mantiene, en general, un conflicto con los cambios. Los considera un fracaso en lugar de un acontecimiento natural.

No estoy proponiendo que cada vez que algo que no funcione bien, debe terminarse. De hecho, suele suceder lo contrario. Como he dicho, la mayoría de las buenas ideas enfrenta problemas y se topa con obstáculos, y mediante el liderazgo, se puede atravesar las crisis y las luchas hasta llegar al éxito. Es por ello que necesitamos expertos que nos ayuden a rescatar los negocios.

Sin embargo, llegará el tiempo, el momento, cuando verdaderamente el asunto ha *muerto*, y si no consideras que eso es un aspecto normal de la vida, quizá no lograrás detectar el momento preciso de salir y poner tu atención en algo nuevo o diferente. En otro capítulo veremos un esquema para identificar cuándo se puede tener esperanza y cuándo se debe renunciar. Por ahora, te dejo una tarea: revisa tu visión del mundo y determina si ves los cambios como un aspecto normal de la vida, los cuales debemos enfrentar si aparecen antes de tiempo o aceptar si su momento ha llegado. Veamos tres principios estructurales que nos ayudarán a hacer de los cambios algo natural y necesario: primero, acepta los ciclos y etapas de la vida; segundo, acepta que la vida produce demasiada vida, y tercero, acepta que las enfermedades incurables y la maldad también forman parte de la vida. Al considerarlos como un todo, los tres principios te ayudarán a sentirte en paz con la idea de los cambios de manera que cuando el tiempo llegue, seas capaz de hacer lo que necesitas hacer.

1. *Acepta los ciclos y las etapas de la vida*

La vida se compone de ciclos y etapas. Nada es eterno. Incluso, la ceremonia litúrgica del matrimonio, un compromiso para toda la vida, reconoce el fin desde el primer día: «Hasta que la muerte nos separe». Los ciclos y las etapas de la vida se encuentran en la naturaleza misma de las cosas. Cuando aceptamos esto como una verdad fundamental, podemos alinear nuestras acciones con nuestros sentimientos, nuestras creencias con nuestras conductas, para así aceptar las cosas como son, aun cuando mueren.

Todo tiene un ciclo de vida. Hay un tiempo para nacer y un tiempo para morir, tal como ya hemos leído. Entre el nacimiento y la vida, se realizan muchas actividades que también tienen sus propias etapas.

Asimismo, cada etapa tiene sus propias actividades. La primavera tiene que ver con la siembra y el comienzo. Ante un campo fértil, el agricultor siembra con la esperanza de que las semillas echen raíces y se produzca una cosecha.

Las tareas en primavera son:

- Limpiar los restos de las plantas que murieron durante el invierno;
- juntar las semillas;
- determinar los campos donde se sembrará;
- asegurarse de que existen los recursos necesarios para un año;
- sembrar y plantar;
- proteger las plantas de los elementos naturales y los intrusos, y
- mantener la visión de la cosecha que guíe la tarea.

Durante el verano, las cosas cambian otra vez. Llega el tiempo de ocuparse de lo que ha echado raíces. Las tareas en verano son:

- Orientar los recursos para asegurarse de que las plantas sigan creciendo;
- prevenir enfermedades y alejar insectos y otras plagas;
- regar, fertilizar y podar;
- sostener las plantas hasta que puedan mantenerse por sí mismas, y
- monitorear, administrar y proteger los cultivos de cara al futuro.

El otoño es el tiempo de la cosecha:

- Actuar con rapidez para recoger la cosecha antes de que se pudra o se dañe a causa de la lluvia o las heladas del invierno;
- recoger toda la cosecha, sin dejar nada en los campos;
- cosechar con eficacia y prestar atención a los costos, y
- cosechar cuidadosamente para no destruir el campo en el proceso.

En invierno, todo muere, aunque la preparación sigue en marcha. Estas son las tareas para el invierno:

- Poner en orden las finanzas;
- saldar las cuentas con los prestamistas por los cultivos del último año y obtener el dinero para la siguiente cosecha;
- reparar el equipo y alistarlo para el próximo año, y
- evaluar los éxitos y los fracasos del año anterior y ajustar las cosas para hacer mejor la tarea el siguiente año.

El problema surge cuando no aceptamos estas etapas, o cuando de forma intencional las ignoramos. Un ejemplo clásico es el negociante que inicia una empresa mediante la «siembra de semillas» en el mercado: hace llamadas, se reúne con personas, invierte capital semilla, comienza, comienza y comienza. Cada aspecto es *generativo* por naturaleza. Esto representa la primera estación.

El negocio echa raíces. Llega el verano. Ahora, se tiene una planta real, no un retoño, es decir, un negocio que necesita administración, guía, cuidado, desarrollo, protección, poda, agua y cosas semejantes. Para ello, el liderazgo y la administración son indispensables. Muchos emprendedores no poseen estas habilidades o, *al menos, se resisten a tenerlas porque no han entendido la realidad de las estaciones.* Piensan que todo en la vida y los negocios es un continuo inicio. «Más, más y más», es su mantra. Esa actitud podría matar un negocio diseñado para tener una larga vida si tan solo alguien viera que es hora de dejar de plantar y comenzar a funcionar.

En otras ocasiones, no se considera que el fin del verano llegará, y no existe urgencia por recoger la cosecha que ya está lista. Los frutos se están cayendo de maduros, sin embargo, la etapa de administrar se ha convertido en la forma como siempre se hacen las cosas y llega a ser lo «normal» en lugar de ser solo una etapa. A menudo, esto hace que una empresa esté lista para una oferta de compra. Los inversionistas adinerados observan el negocio y se dan cuenta de que una gran parte de la cosecha no se ha recogido, ya que la administración está muy ocupada en «atender» el negocio, una actividad propia del verano, en lugar de moverse a la recolección de la cosecha en el otoño.

Luego, la etapa de la cosecha llega a su fin, y es tiempo de cerrar y salir de esa línea, estrategia, sector o cualquier otra cosa. No obstante, aquellos que no creen en las estaciones piensan que durará para siempre. Por ejemplo, aquellos constructores que no creen en los ciclos de la vida se aferran a los terrenos, aunque ya no haya mercado, y piensan: «Podemos explotarlos para siempre». Durante el mejor momento de la cosecha, construyen grandes proyectos de infraestructura con gastos generales altísimos (recuerda los días de las empresas punto com). Luego, cuando los días prósperos se acaban, se quedan sin suficientes recursos para seguir el espectáculo. No creen que el invierno alguna vez llegará.

Por lo tanto, cree en los ciclos y las etapas de la vida. Son reales. De esta forma, cuando los días prósperos se acaben o llegue el tiempo de cambiar, no pensarás: «Algo anda mal». Por el contrario, aceptarás el cambio de buena gana, tal como un agricultor acepta el paso del tiempo en el calendario. Entonces, serás capaz de terminar las actividades propias de la estación anterior y avanzarás a la siguiente. Es más fácil aceptar los cambios y ejecutarlos cuando crees que es normal que ocurran.

Esa lección aprendida ayuda a las juntas directivas a colocar a los fundadores en otros roles y contratar administradores experimentados. El enfoque no debe ser que el fundador ha fallado. Es una herramienta para que el director general tome decisiones difíciles a sabiendas que está alineando su negocio con el orden natural que se desarrolla frente a sus ojos. Ello facilita el desprendimiento de una vieja relación amorosa con una línea de producto o marca.

De manera implícita, Blair creía en los ciclos y las etapas de la vida, y veía que la extensa cosecha que había disfrutado durante muchos años estaba a punto de acabar. Era el tiempo de terminar y salir mientras los activos y las ganancias todavía tuvieran algún valor. Sin embargo, más allá de recibir el valor de lo que aún quedaba, la tarea verdadera era entrar en un campo que prometiera una cosecha a futuro.

Cuando comenzó a vender bonos, actuó en concordancia con las nuevas etapas. Aceptó las tareas del invierno y la muerte de su antiguo negocio, y se «actualizó». Estudió sobre un nuevo campo y obtuvo su licencia. Limpió la finca, se deshizo de todo lo que quedaba de su viejo negocio que pudiera estorbarle, incluyendo los gastos generales y las deudas. En verdad, estaba preparando el camino para lo nuevo. Así es como se pone punto y final a las cosas.

Posteriormente, comenzó las tareas de la primavera. Salió a sembrar. Hizo llamadas, buscó a sus contactos y exploró nuevos prospectos para sembrar en su nuevo terreno. Sembrar, sembrar y sembrar. A diferencia de otros vendedores con estilo hiperactivo, Blair cuidó sus cultivos a medida que llegaba el verano. Atendió esas relaciones empresariales y fomentó su crecimiento. Poco a poco, la confianza y las relaciones crecieron, pero él no siguió simplemente cuidándolas, sino que concretó ventas y cosechó a través de esas relaciones. Realmente cosechó.

Entre tanto, mi otro amigo todavía se encuentra atascado. Intenta hacer que algo funcione, pero no lo logrará porque su tiempo ya pasó. Y seguirá intentándolo hasta que los banqueros y los inversionistas lleguen a cambiar los cerrojos. Eso sucede, y a menudo porque la persona carece de una visión del mundo que considere los cambios como algo normal y que ocurre en el universo mismo: los ciclos y las etapas de la vida.

Esto no solo sucede en los negocios. Por ejemplo, muchos matrimonios fracasan porque las parejas no hacen la transición de la primavera al verano. La primavera, o tiempo de siembra, es algo nuevo, emocionante, lleno de esperanzas, riesgoso, con oportunidades de expansión y crecimiento para los cónyuges. Sin embargo, después de un tiempo, la relación necesita cuidado: las tareas del verano. Algunas personas no realizan esa transición. Esperan que la siembra continúe para luego desilusionarse o, en la versión del macho alfa, para seguir sembrando en cualquier otro lugar. La siembra en serie se convierte en un patrón, y, con el paso de los años, nunca se construye equidad ni confianza en la relación. Si pudieran comprender que la época de la siembra termina y que la del cuidado comienza, podrían cosechar una relación increíble que perdure en el tiempo.

He aquí algunas preguntas a considerar en relación a tu negocio y tu vida. Estas preguntas pueden ayudarte a determinar si tu visión del mundo y las tareas subsecuentes toman en cuenta la realidad de las etapas:

- ¿Acepto los cambios como algo natural?
- Tal como un doctor que determina un diagnóstico, ¿me pregunto siempre en qué etapa me encuentro?

- ¿Me resisto a los cambios que se necesitan para cada estación? Si creyera en los ciclos y las etapas de la vida ¿dejaría de resistirme?
- ¿Me niego a dejar una actividad, producto, estrategia o relación cuyo tiempo de vida ha terminado? ¿Qué tareas necesito realizar para entrar a la nueva estación?
- ¿Estoy sembrando cuando debería estar cuidando?
- ¿Estoy cuidando cuando debería estar cosechando? ¿Estoy tratando de cosechar en un campo donde es obvio que el invierno ha llegado?
- ¿Es invierno y estoy ignorando aquellas tareas que son oportunas en esta etapa, es decir, la actualización y la planificación?

En las palabras de Eclesiastés, ¿existen situaciones en la vida y los negocios en las que estás intentando dar vida a cosas que deberían morir? ¿Intentas sanar algo que deberías matar? ¿Te ríes de algo por lo cual deberías estar llorando? ¿Abrazas algo (o alguien) de lo que deberías despedirte? ¿Buscas la respuesta de algo a lo que deberías renunciar? ¿Sigues en el intento de amar algo o a alguien cuando es tiempo de hablar de lo que odias?

2. Acepta que la vida produce demasiada vida
Una razón por la cual la poda es necesaria es porque el rosal produce más capullos de los que puede sostener para su madurez plena. Cada ciclo, un arbusto vivo y floreciente producirá más y más capullos, al igual que cualquier persona o negocio en crecimiento. La vida engendra vida. Eso es normal, pero también puede que sea excesivo. Este segundo principio te ayudará a que veas la poda como algo natural y que aceptes la realidad de que la vida produce más:

- Relaciones de las que puedes mantener;
- actividades ante las que puedes mantener tu ritmo;
- clientes a los que puedes servir de la misma manera;
- mentores que una vez «encajaron» pero cuyo tiempo ha pasado;
- socios cuyo tiempo ha caducado;
- líneas de producto en las que te puedes concentrar;
- estrategias que puedes ejecutar, y
- cosas para las cuales dispones de espacio donde almacenar.

De ahí que, por naturaleza, tendrás que tener la actitud de «dejar ir» durante toda tu vida. Existe una razón por la que la noción de «limpieza de primavera» surgió y se transformó para indicar algo más que limpiar, organizar en general y botar las «cosas» acumuladas. Necesitamos la limpieza de primavera por razones cuantitativas y cualitativas.

En lo cuantitativo, a lo largo de nuestra vida, acumulamos más de los que podemos guardar. Recientemente, leí que Bill Gates cerró su *Facebook* porque tenía demasiados amigos. Expresó que tenía «problemas para determinar si "conozco o no a esta persona". El problema era excesivo, así que renuncié a él» (*news.ninemsn.com*, 26 de julio de 2009). No entiendo por qué se sentía agobiado por esto ya que las cifras grandes nunca lo han ahuyentado, pero ya te imaginas la situación. No obstante, en lo cuantitativo, tu vida y tus negocios se comportarán de la misma manera. Por sí mismos, el tiempo y la actividad acarrean más relaciones y actividades de las que puedes atender en el tiempo del que dispones. Como resultado, el árbol y sus recursos se sobrecargan, y no tienes suficiente de ti mismo que darles. La sobrecarga provoca un cortocircuito en el sistema.

En lo cualitativo, no puedes dedicarte a las personas y las actividades a profundidad. Cuando los números son demasiado altos, la calidad sufre. Me encanta cuando por fin los líderes se dan cuenta de que no invierten suficiente tiempo en algunas de sus relaciones clave o con sus subalternos porque pasan atendiendo demasiadas actividades o personas. Se percatan de que el éxito depende de tener el tiempo y la energía para profundizar en unas cuantas relaciones, y de que deben erradicar su deseo de profundizar su relación con todos, ya que de lo contrario solo llegarían a la superficie.

La verdad es que las personas con alto rendimiento tienen muchísimas relaciones y actividades. Eso es *bueno*. Según investigaciones y la teoría del funcionamiento del cerebro, al parecer tenemos la capacidad de manejar entre ciento cuarenta y ciento cincuenta relaciones. Es obvio que no podemos lidiar con todas esas relaciones del mismo modo, pero aparentemente el sistema puede arreglárselas con ese número. Quién sabe si Internet y las redes sociales causarán la evolución y la expansión de esa capacidad a medida que los utilizamos, pero por ahora es considerable.

Pero es igualmente cierto que las personas con alto rendimiento, amplias redes de contactos y relaciones que funcionan, son también buenas para *no* tener algunas. Las podan. Los vendedores con alto desempeño podan su lista de contactos en aras de la calidad. Las compañías inteligentes podan sus clientes y se enfocan en aquellos que les dan mayores ganancias a un menor costo. Las empresas podan actividades y alianzas, y los individuos dejan algunos vínculos sociales.

Estas personas han aceptado la realidad: generan más actividades de las que pueden manejar de manera fructífera. Así que pueden cortar estos vínculos sin sentir que «algo anda mal» o que se «comportan con rudeza». Respetan el hecho de que existen límites para lo que pueden hacer y para las personas y las cosas en las que pueden invertir sus energías.

Los líderes de empresas exitosos enfrentan esta verdad todo el tiempo. Starbucks ha tenido mucha vida en estos años. ¿Y qué sucede con cualquier ser viviente? Genera más capullos de los que puede sostener. Por ello, este año las noticias nos dicen que Starbucks está cerrando cientos de establecimientos. Quién sabe si ello se debe a que abrieron más establecimientos de los que la empresa y el mercado podían sostener. No obstante, parece que la decisión de podar algunos de los capullos concuerda con la manera natural en que las cosas se desarrollan. Da la impresión de que alguien en la empresa tiene una visión del mundo en la que sabe que, en ocasiones, uno tiene más capullos de los que puede mantener. A menudo, cuando esto sucede, el precio de las acciones se incrementa. Así lo dijo recientemente Anne Mulcahy, presidenta de Xerox y ex directora general de la misma compañía: «Una de las decisiones más importantes consiste en identificar lo que no vas a hacer, lo que necesitas eliminar para dar paso a las inversiones estratégicas. Esto podría requerir cerrar un programa o subcontratar en el extranjero. A menudo, estas son las decisiones más difíciles a tomar y a las que casi no dedicamos la suficiente atención» (*McKinsey Quarterly*, marzo de 2010).

Reconoce la verdad de que tu vida y tu negocio producen más capullos de los que pueden sostener, y podrás terminar las cosas con mayor facilidad y una mejor disposición. Tu mente no resistirá los cambios como si fueran algo malo o traumático.

3. Acepta que las enfermedades incurables y la maldad existen

Tu vida y negocio se transformarán cuando en verdad comprendas que algunas personas no cambiarán, sin importar lo que hagas, y que otras tienen un gran interés en ser destructivas. Cuando lo hayas aceptado, será mucho más fácil realizar algunos cambios necesarios. Pero hasta que eso no ocurra, podrías estar trabajando más de lo que deberías en el intento de cambiar a alguien bajo la idea de que una sesión más de entrenamiento profesional obrará el milagro o, quizá, un poco más de aliento, o más retroalimentación o confrontación. O, lo que es peor, una concesión más.

He sido testigo de personas bien intencionadas que literalmente desperdician años y millones de dólares en su intento por ayudar a alguien que nunca cambiará. A menudo, esa persona posee muchos talentos que el líder quiere retener, o bien, al líder le agrada tanto esa persona que está dispuesto a intentar una y otra vez. Vi a un gerente de operaciones dar un gran paso cuando, después de que por enésima vez intentara hacer trabajar al responsable de mercadeo, finalmente se rascó la cabeza y dijo: «Él se equivoca en su forma de pensar». Al fin, ese gerente se dio por vencido y, un tiempo después, pudo terminar su desgracia. Sin embargo, durante casi un año, había intentado hacer que el responsable de mercadeo «entendiera». Él era muy talentoso en su trabajo con las personas, pero proponía ideas y planes grandiosos que no funcionaban. Incluso, como sucede en el fútbol americano, cuando sabía que necesitaba detenerse y bloquear esos planes, intentaba lanzar un pase desesperado y de larga distancia al final del juego, cuando en realidad solo debía intentar avanzar con el balón unas cuantas yardas más sin detenerse. En vano, el gerente había intentado explicárselo muchas veces. Ni siquiera es necesario explicar la manera en que esto sucede en las personas. Esto es evidente; basta con notarlo en las discusiones que ocurren a la hora del almuerzo.

Más adelante, dedicaremos un espacio considerable para saber identificar aquellas personas que merecen nuestra inversión de tiempo y confianza, aquellas que podrían estar dispuestas y en capacidad de cambiar y mejorar y aquellas que no lo harán. La habilidad de llevar a cabo este diagnóstico es una de las más valiosas que puedes aprender. Así que ten paciencia. Por ahora, entiende el hecho de que algunas personas no cambiarán, sin importar cuánto tiempo les dediques o cuánto intentes ayudarlas a mejorar su desempeño en el negocio o en su vida personal, al menos, no por ahora, y no como resultado de algo que hagas. Acéptalo y, de esta forma, dar los pasos necesarios para ejecutar cambios será más fácil. Saldrás de la consternación y la negación y llegarás a considerar la pregunta correcta: ¿con qué estoy lidiando?

De igual manera, tal como lo hemos mencionado, algunos negocios, estrategias, visiones, tácticas o productos están demasiado enfermos como para recuperarse, y necesitamos desecharlos. También, más adelante, veremos el camino que necesitamos recorrer para llegar al diagnóstico. Pero, por ahora, considera la enfermedad terminal y el fracaso como posibilidades *válidas*. Aquellos con mejor desempeño conocen la manera de fracasar bien. Pueden verlo, aceptarlo y seguir adelante. No intentan montar un caballo muerto, o peor aun, cabalgar sobre uno que tiene la pata quebrada. Pueden detenerse, rendirse y seguir adelante.

UN UNIVERSO DISTINTO
En este capítulo hemos hablado sobre cómo alinearse con la realidad. Muchas personas desearían habitar en un universo distinto al que vivimos. Les gustaría vivir en uno donde siempre experimenten el tiempo de la cosecha, y donde no haya largos meses de verano llenos de trabajo para obtenerla. Cuando su cosecha está lista y prosperan, no desean pensar en el invierno que se avecina ni admitir que la cosecha está por terminar y que la muerte fría comenzará a acechar.

También desean un mundo donde no existan límites. Quieren creer que tienen tiempo y energía suficientes para acumular personas, productos y actividades de manera indefinida, y que nunca tendrán que dar por finalizado ninguno. Tampoco quieren enfrentar la verdad de que, en un momento dado, el tiempo y las energías se les acabarán, y de que llegará la hora de tomar decisiones difíciles. Quieren vivir una vida sin límites donde el tiempo y el espacio no sean reales.

Además, se les apetece un mundo donde todos están comprometidos con ser buenos y mejores. En ese mundo, si intentan ayudar a una persona el tiempo suficiente, esta mejorará, despertará y entenderá. No desean nuestro universo, el real en el que vivimos, donde ciertas personas simplemente no cambian y donde otras, es más, quieren hacerte daño.

No obstante, este es el único universo que tenemos, y en el que estas tres realidades existen. Los líderes exitosos están en armonía con estas realidades y cuando enfrentan alguna de ellas, no piensan que algo anda mal. Son personas integradas y alineadas; son amigos de la realidad. Así que cuando una de las realidades aparece, el cerebro de estos líderes no ve nada fuera de lugar. Aunque sea dolorosa, enfrentan la realidad con decisión, valor y esperanza. Y siempre se preguntan con sabiduría: «¿Con qué clase de situación estoy lidiando?».

Saben que si terminan las tareas de una determinada estación y avanzan a la siguiente, podrían ocurrir cosas buenas. Saben que si eliminan algunas relaciones y actividades, otras florecerán. También saben que si desisten de cambiar a una persona que no quiere cambiar o que no está lista para hacerlo, la habrán ayudado a acercarse a la realidad, y que se habrán liberado de los patrones negativos de esa persona. Así que dan ese paso con amor, certidumbre y resolución. A medida que avancemos, veremos en detalle cómo realizar ese tipo de cambios. Pero, primero, asegúrate de aceptar el universo real donde vives y trabajas. La realidad es complicada, pero como Woody Allen expresó: «La realidad es todavía el único lugar donde se puede disfrutar de una deliciosa carne», y tener un buen negocio y una buena vida.

CAPÍTULO 4

Cuando estancarse se convierte en lo normal: La diferencia entre sufrir con propósito y sufrir sin una buena razón

Los negocios y la vida conllevan dolor. Como hemos visto, a veces realizar cambios puede causar un poco de sufrimiento, como cuando nos extraen una muela. Pero es *dolor del bueno* que les otorga vida a ti y a tu negocio, de la misma manera como un rosal vuelve a florecer rápidamente después de la poda. Este libro trata sobre cómo dar pasos audaces para aceptar esa clase de dolor.

No obstante, existe otro tipo de dolor que *no debes aceptar* y ante el que desearás utilizar todo lo que está a tu alcance para eliminarlo. Me refiero al sufrimiento que no conduce a ningún lugar. No es normal, y al presentarse, es tiempo de despertar y darse cuenta de que cuando ese dolor se dirige con velocidad hacia ningún sitio es porque algo debe estar ocurriendo.

Primero, es probable que, de alguna manera, te hayas aclimatado al dolor. Tanto te has acostumbrado a él que ya no lo percibes como dolor sino como algo normal. Por naturaleza, el dolor es una señal de que *algo anda mal y es necesario actuar*. Por eso, el dolor debería impulsarte a hacer algo para erradicarlo. Pero si no estás haciendo nada para terminar con el dolor sordo causado por eso que carece de propósito, quizá te has convencido de que nada anda «mal»: *simplemente así son las cosas*. Estas atascado en un dolor crónico que ha comenzado a volverse normal.

En ocasiones, nos atascamos por razones que en verdad están fuera de nuestro control. Sin embargo, en muchas ocasiones, más de las que podemos imaginar, no realizamos cambios debido a *factores internos, no externos*. Según investigaciones en el campo de la neurología, tu mente desarrolla una especie de conexión alámbrica para que pienses y actúes de modo automático. Así que cuando tus conexiones se acoplan para aceptar la «realidad del atasco», te quedas bloqueado puesto que ese hecho, sumado a tener que soportar una situación que aguarda un cambio necesario, se ha vuelto «simplemente normal».

La buena noticia es que no tiene por qué ser así. La neurología y la experiencia han demostrado que podemos cambiar, y que se pueden construir nuevas conexiones y mapas mentales para cambiar la manera como pensamos y actuamos.

MAPAS INTERNOS

Cuando la reciente crisis mundial nos golpeó, los mercados en caída comenzaron a dañar empresas y personas sin que estas pudieran ejercer control alguno. Las finanzas se esfumaron, los consumidores dejaron de comprar y el curso normal de los negocios cambió por completo para miles de empresas y millones de trabajadores. La crisis impactó significativamente la forma como los trabajadores veían sus empleos. De hecho, cambió su *software* interno. Su enfoque en los factores externos, sobre los cuales los empleados no tenían control, comenzó a cambiar la manera como pensaban y percibían el mundo. Muchos se sintieron desanimados e incluso derrotados.

Por las investigaciones sabemos que en realidad este tipo de enfoque y atención constante sobre algo pueden cambiar la manera como el cerebro funciona. Las personas desarrollan nuevos mapas mentales o utilizan antiguos mapas, los cuales dirigen sus actividades cotidianas, pensamientos y sentimientos. Si te concentras en todas las cosas malas que ocurren y sobre las que no tienes control alguno, tu mapa mental de las actividades diarias cambia.

En muchas industrias para las que trabajé durante la crisis económica, en particular las que tenían un pujante énfasis en las ventas, comencé a notar un síndrome que Martin Seligman denominó «impotencia aprendida». Esta es la condición por la cual una persona se adapta al sufrimiento pues *siente que no hay nada que pueda hacer al respecto*. Es algo que está totalmente fuera de su control. Un mercado o una economía deficiente es sinónimo de malos resultados. Ese es el mapa mental de esa persona, quien actúa de acuerdo a él. Por ejemplo, cuando el mercado empeoró, un experto de la industria de bienes raíces me confesó que en ocasiones simplemente conducía su automóvil sin rumbo fijo, en lugar de completar su ruta a la oficina o los terrenos. Otros expertos me comentaron que les resultó difícil levantar el auricular y hacer llamadas telefónicas en busca de ventas durante los meses posteriores al colapso.

Sin embargo, también noté otra situación. En muchos de estos casos, aun al notar que el atasco y la adaptación al sufrimiento se volvían algo normal, también observé un excelente desempeño, en ocasiones frente a mis ojos. En otras palabras, se trataba del mismo mercado y las mismas condiciones externas, pero surgían comportamientos y resultados diferentes.

¿Por qué?

El contraste se encontraba en el cerebro, en los modelos mentales de aquellos que se movilizaban a diferencia de los que no lo hacían.

En primer lugar, aquellos que no estaban atascados tenían un mapa distinto del mundo. Algunos no suponían que «no hay compradores en este momento». En lugar de eso, pensaban que, en medio del caos, se estaba ignorando a muchos clientes potenciales que necesitaban una guía para superar ese tiempo de desafíos. De ahí que pusieron manos a la obra y los contactaron. En verdad esto sucedió en muchas de las industrias que observé, incluso en aquellas «totalmente muertas», como los bienes raíces.

En segundo lugar, su enfoque era distinto. No perdían su tiempo y energía en aquellas cosas que se desmoronaban y por las cuales no podían hacer nada. En lugar de eso, con rapidez y ahínco se pusieron a pensar en aquellas cosas por las que *sí podían hacer* algo.

En el síndrome de impotencia aprendida, el cerebro comienza a interpretar los incidentes de manera negativa, y, por ende, se refuerza la creencia de que «todo es malo». Por ejemplo, cuando alguien no concreta una venta, piensa: «Soy un perdedor, todo el negocio está mal y no cambiará». Seligman y otros autores denominan ese fenómeno «las tres p». Los incidentes se interpretan de manera negativa y previsible: primero, como *personalizados* (soy un mal vendedor); segundo, como *predominantes* (todo lo que hago o cada aspecto del negocio está mal), y tercero, como *permanentes* (nada cambiará). Con claridad, puedes ver por qué estos pensamientos conducen a la impotencia y la inactividad.

No obstante, las personas productivas no pensaban según el síndrome de impotencia aprendida. Su *software* interno era más optimista. Consideraban «una venta fracasada» como un número más del que debían olvidarse antes de encontrar a la persona que sí compraría. Mantenían otros paradigmas del pensamiento optimista.

Aparte del pensamiento negativo expresado por «las tres p» del modelo de la impotencia aprendida, también observé un patrón problemático en ciertos individuos: *una sensación profunda de pérdida de control por cosas que, de hecho, todavía estaban bajo su control.* El bloqueo ocurre cuando alguien con esta vulnerabilidad ocupa un puesto en el que los factores externos lo afectan, por ejemplo la economía. La persona se vuelve incapaz de llevar a cabo *aquellas actividades sobre las que sí puede ejercer control.* Aquí es donde todo comienza a salir mal.

Por lo tanto, uno de los mecanismos que considero más útiles consiste en hacer que las personas y los equipos de trabajo lleguen a la raíz del problema: sentirse fuera de control. Por ello, les asigno la siguiente tarea:

- **Toma una hoja de papel y divídela en dos columnas.**
- **En la primera columna, escribe todas las cosas que te afectan y sobre las cuales no ejerces control.** Por ejemplo, las condiciones negativas del mercado, el estancamiento financiero y crediticio, el congelamiento del gasto del consumidor, entre otras. Ahora, preocúpate por todo eso. En los siguientes diez minutos, ¡preocúpate intensamente! Luego, deja de hacerlo en lo que queda del día. Mañana podrás preocuparte por ello nuevamente. No habrá cambiado mucho.
- **En la segunda columna, escribe todas las cosas sobre las cuales sí ejerces control.** Por ejemplo, hacer llamadas, conseguir prospectos, lograr que compradores potenciales conversen sobre finanzas y entablen relaciones empresariales contigo, volver a contactar a aquellos clientes que por los precios altos del año pasado no compraron pero que podrían hacerlo ahora que los precios han bajado, etcétera.
- **Durante el tiempo restante, trabaja con tu equipo para relatar sus experiencias, realizar una lluvia de ideas y movilizarse en aquellas cosas que pueden controlar.**

Con frecuencia, los resultados son sorprendentes, ya que este ejercicio llega a la raíz del problema en el mapa mental: el control. Cuando tu mapa te dice que nada de lo que haces importa, dejas de fijarte en las cosas que sí controlas, las cosas que, de hecho, sí importan y que son determinantes. Pero cuando recuperas el control de ti mismo, logras grandes resultados aun en un ambiente inhóspito. Durante la crisis financiera, un día recibí una carta de una mujer en la que me decía: «Gracias. Usted me ha devuelto a mi esposo». He aquí la lección:

Nuestro cerebro impulsa nuestros actos; es posible que *el hardware* y *el software* interno de nuestro cerebro, es decir, los mapas mentales, nos mantengan atascados. La buena noticia es que esta realidad se puede cambiar con un poco de concentración y trabajo. Tal como esta noticia resultó ser verdadera en el colapso financiero de los últimos años, lo es en el contexto de los cambios necesarios.

Por lo tanto, hemos llegado al siguiente paso del proceso de hacer que los cambios necesarios se vuelvan algo normal en tu ideario. Primero, te pedí que analizaras cómo te sientes en general con la idea de podar lo innecesario. Luego, te pedí que comenzaras a ver los cambios como algo normal. Ahora, te presento mi tercera petición:

Identifica los mapas mentales que te impiden realizar los cambios necesarios.

Al inicio del capítulo, dije que se supone que el dolor nos debe llevar a hacer algo. Si alguna vez has puesto tu dedo sobre una vela encendida, has visto cómo esta ley se cumple. Sin embargo, a veces las personas se quedan atrapadas en un tipo de sufrimiento en el cual *tienden más a la inacción que a la acción*. La impotencia aprendida y otras formas de pensamiento te impiden llevar a cabo los cambios que tu vida o tu negocio necesita. Te puedes quedar paralizado. Veamos entonces cómo funcionan estas formas de pensamiento.

EXAMINA TU MAPA MENTAL
Como vimos antes, si tu cerebro percibe que algo marcha como se espera, orienta los recursos para comenzar a actuar. Pero si percibe que algo anda

mal y lo interpreta como un «error», empieza a ponerle resistencia o intenta huir de lo que percibe como erróneo. Por ello, es importante que poseas una visión del mundo en la cual los ciclos y las etapas de la vida sean algo normal, de manera que tu cerebro no los interprete como algo malo ni luche contra ellos. Ahora, revisaremos otros sistemas de creencias o mapas mentales que podrían estancarte y dejarte demasiado paralizado como para realizar cambios.

Por lo general, cuando ves que existe algo bueno por hacer, lo haces, *a menos que tu* software *te diga que no es bueno hacerlo*. Normalmente, cuando ves que algo es correcto, tu cerebro se moviliza para hacerlo. Tu cerebro realiza algo que lo psicólogos llaman agresión libre de conflicto. (No es una agresión negativa, como solemos entenderla en el sentido de la violencia). La agresión libre de conflicto es energía que se libera para convertirse en acción; no está limitada a fin de que puedas funcionar. Si alguna vez te has sentido deprimido o ansioso mientras tratabas de concéntrate o alcanzar una meta, sabes lo que se siente por no poseer o contar con esa habilidad.

Si la agresión, la iniciativa o la energía vienen sin conflicto, entonces tienes la libertad para hacer lo siguiente:

- Identificar lo que en verdad está sucediendo a tu alrededor;
- pensar de manera lógica;
- pensar de manera abstracta;
- hacer uso del buen juicio;
- concentrarte;
- identificar peligros de forma realista;
- ver la realidad;
- tomar decisiones;
- luego, actuar según todo lo anterior.

Sin embargo, si existiera algún conflicto interno, o lo que los neurólogos ahora llaman errores percibidos, la acción se detiene y te alejas de la decisión o te resistes a esta. No puedes ver la decisión con claridad ni actuar. ¿De dónde viene este conflicto? De tu *software* interno, *el cual está conformado por tu sistema de creencias en torno a los cambios y tus experiencias previas con ellos.*

¿Recuerdas a Ellen, la recién ascendida ejecutiva a quien describí en el capítulo dos? Claramente, ella se dio cuenta de lo que necesitaba hacer y que era correcto para su empresa, pero *su software interno le decía que no era correcto de su parte herir a las personas.* Las instrucciones de funcionamiento de su cerebro dictaban que el dolor y el daño eran sinónimos. Ese pensamiento no le permitía avanzar con determinación.

Otro líder con quien trabajé me comentó que cuando interactuaba con un subalterno en particular, a menudo era incapaz de pensar o concentrarse. Al explorar en su interior, reconoció que esos problemas aparecían cada vez que se discutía la posibilidad de recortar personal del departamento que antes había dirigido, donde todavía mantenía ciertas amistades por las cuales sentía una profunda lealtad. Su cerebro se bloqueaba al pensar en ese cambio que podría afectar a las personas por las que él se preocupaba. Su conflicto con el cambio lo paralizaba, además de perjudicar su capacidad de realizar las funciones antes mencionadas. Lo triste era que ese líder obraba contra sí mismo, porque de haber tenido a su disposición toda su capacidad mental en esos momentos, habría encontrado la forma de ayudar a muchos de sus colegas. Eso no era posible si no echaba mano de su creatividad y sus aportes, elementos que estaban bloqueados. Cuando eliminamos de su mapa mental esa forma de pensar, ese líder pudo avanzar.

Esta pregunta clave puede ayudarte a lidiar con aquello que te estorba para movilizarte: ¿cuáles son los mapas mentales que impiden que realices los cambios necesarios?

Para ayudarte a responder esa pregunta, haré una lista de los patrones de pensamiento que he visto en muchas personas, incluso en líderes con alto rendimiento. Fíjate si te identificas con alguno de ellos; luego, toma conciencia de la forma como estos mapas guían tu conducta. La concientización es uno de los primeros pasos importantes para reprogramar el *software* de tu cerebro.

Quiero mencionar algo más sobre los mapas y el *software* interno. Los mapas se construyen de mil maneras. Todas tus experiencias previas con los cambios se almacenan en esa computadora que llamamos cerebro y se convierten en parte de lo que eres. Al revisar los siguientes mapas, observa cómo los hilos de tus experiencias previas se entrelazan a lo largo del proceso.

CINCO MAPAS MENTALES

Veamos algunos de los mapas mentales más comunes que nos impiden hacer cambios necesarios: tener un umbral del dolor extraordinariamente alto, hacerse cargo de la responsabilidad ajena, creer que el cambio significa «he fracasado», malentender la lealtad y crear un mapa mental de codependencia.

Tener un umbral del dolor extraordinariamente alto

«Entonces, ¿cuál es mi problema?», preguntó Dennis, el director general de una empresa de tecnología. «¿Es que tengo un umbral del dolor extraordinariamente alto? ¿Es que por naturaleza puedo aguantar demasiado?».

«Me alegra que preguntes», respondí. «La respuesta es sí, y la mala noticia es que ni la junta directiva ni el balance de pérdidas y ganancias tienen esa resistencia. Así que tenemos que trabajar en ello de manera que puedas comenzar a sentir el dolor tal como ellos lo sienten».

Dennis tenía razón. Había aprendido a soportar mucho sufrimiento al punto de ser insensible al mismo. Sabía que había problemas y que estaba tratando de resolverlos, pero si no se hubiera acostumbrado a soportar los problemas de las personas, habría actuado mucho más deprisa. Su *software* interno le decía, tal como muchos padres les dicen a sus hijos cuando estos se lastiman: «¡Ah! Deja de llorar. No es para tanto». De forma gradual, el niño llega al punto donde ya no puede sopesar sus propios sentimientos y, en su lugar, aprende que aun cuando algo le duele, bueno, «no le duele».

Dennis era así. Tuvo experiencias formativas en la vida que le enseñaron a soportar el dolor de otras personas. Como resultado, aprendió a asumir la responsabilidad de los problemas de los demás y a reprimir su reacción emocional ante ellos. De manera sistemática, refrenaba sus sentimientos, su percepción y su habilidad para sopesarlos.

Al haberse acostumbrado a soportar dolores intensos como parte de su educación, su cerebro ahora consideraba el dolor como algo normal, y permanecía insensible ante el desempeño deficiente de los demás y ante lo mucho que los toleraba. Dejaba pasar demasiado tiempo al soportar situaciones difíciles que necesitaban resolverse. Mi objetivo de trabajo con Dennis cubría dos partes: primero, ponerlo al tanto y hacerle comprender cuánto toleraba las cosas negativas; y segundo, enseñarle a tomar conciencia de manera *instantánea* de lo que realmente sentía frente al deficiente desempeño de aquellos que se interponían entre él y las metas. Logré ponerlo en sintonía consigo mismo luego de reuniones, evaluaciones y pláticas con su equipo de trabajo. De forma gradual, comenzó a darse cuenta. Por fin, durante una de nuestras sesiones, logró sentir el dolor.

—Me siento cada vez más molesto con Peter —dijo—. Estoy cansado del tiempo que le ha tomado este proyecto. Durante más de un año, le he pedido que lleve el proyecto a la fase donde necesita llegar, pero él todavía se encuentra en el segundo paso.

—¿Qué harás al respecto? —pregunté.

—Bueno, creo que tendré que crear el sentido de urgencia del que hablas —dijo.

Y así lo hizo, no sin antes reconocer que su *software* estaba programado para negar, minimizar, soportar y cargar mucho dolor, al tiempo que le hacía creer que eso no era «tan malo» o que podía «abrocharse el cinturón y seguir adelante». Poco tiempo después, Dennis hizo cambios importantes en la empresa, incluyendo el reemplazo de ciertas personas y el fin de la falta de desempeño (un concepto del que luego hablaremos). Su sufrimiento terminó.

Hacerse cargo de la responsabilidad ajena

Similar al umbral del dolor extraordinariamente alto, este mapa lleva a algunas personas a tomar la responsabilidad que les compete a otros. A menudo, les digo a los líderes que muchos tienen problemas solo por ser quienes son: personas agradables y responsables. Este tipo de personas llega a donde está por cuidar de los otros, trabajar arduamente y ser muy responsable al asegurarse de que todo se cumpla.

No obstante, este tipo de personas también tiene una vulnerabilidad. Por lo general, llega a ser tan responsable en sus años de «formación» del mapa por ser el más ejemplar en su familia o en otro sistema donde aprendió que *todo dependía de él o ella*. De modo usual, cubría a los demás, asumía la responsabilidad de alguien más (a menudo, de un hermano o uno de sus padres) que no hacía su parte del trabajo. Con el tiempo, este tipo de persona se acostumbró a actuar de esa forma. Recientemente, una mujer me contó que solía enredarse en situaciones y relaciones poco saludables para ella debido a un mapa mental de su niñez, el cual había creado al asumir la responsabilidad de su madre alcohólica y cuidar de sus hermanos menores.

A corto plazo, este comportamiento conlleva ciertos beneficios, pero las consecuencias a largo plazo los opacan por completo. Una de ellas es que las relaciones y los proyectos se mantienen vigentes aun cuando ha pasado el tiempo en que debían haberse «arreglado, cerrado o vendido». Como resultado, no logramos alcanzar las metas ni el potencial, sin mencionar el sufrimiento de la única persona que está haciendo todo el trabajo.

Creer que el cambio significa «he fracasado»

Al igual que la mayoría de personas buenas, los líderes perseveran. Esta es una de las fortalezas de carácter más importantes de los seres humanos.

La vida y el éxito dependen de ella, en cada aspecto, desde el triunfo en el desempeño como en las relaciones y aun en nuestra salud física y nuestro bienestar. Darse por vencido nunca es una opción especialmente para los ganadores y las personas con alto rendimiento.

Pero existe una versión tóxica de no rendirse. Surge cuando la palabra «renunciar», en su sentido más amplio, equivale a detener una meta o una tarea en particular. En otras palabras, si te rindes en alguna cosa, eres un derrotado en lugar de ser sabio. Por ejemplo, el mapa mental te dice que si terminas una estrategia empresarial o una relación es porque te rindes con facilidad. «Si cierras este proyecto o dejas de intentar trabajar con esta persona, eres un derrotado, y eso es terrible», te dice tu mapa mental. Renunciar es malo, punto. Eso es así siempre, a cualquier hora, en cualquier lugar.

Además, la etiqueta de derrotado no se le adjudica al proyecto o al caso sino a la persona. Esta frase atraviesa tu mente: «Soy un derrotado», en lugar de pensar: «Yo decidí terminar esto ya que seguir adelante hubiera sido insensato». Uno de los aspectos más importantes del desempeño exitoso es la habilidad de separar la persona de cualquier resultado en particular. El mariscal de campo Peyton Manning no se considera un perdedor solo porque un oponente intercepte su pase o porque pierda un juego. Su identidad está separada de cualquier resultado. De igual manera, los líderes exitosos son más grandes que cualquier resultado, y su sentido de valía no depende de lo que tengan que hacer. Su imagen personal no está en riesgo. Se encuentran separados del «asunto».

Si esto no es así, entonces existe un problema real. He visto a muchos líderes arrastrar su empresa al precipicio debido a ese impulso incesante y necio de lograr el éxito para una determinada visión, estrategia o incluso una persona, con tal de no sentirse derrotados ni que nadie los etiquete como tales. En realidad, se vuelven unos fracasados por su incapacidad para fracasar bien. Eso significa terminar algo que no está funcionando, y escoger hacer algo de una mejor forma.

Los psicólogos investigadores Charles Carver y Mark Scheier distinguen entre «abandonar el esfuerzo» y «abandonar un compromiso». Señalan la importancia de entender que abandonar un determinado compromiso no significa necesariamente que tengas que dejar el esfuerzo. En su lugar, ese esfuerzo se puede canalizar hacia otro objetivo digno de tus recursos. Pero algunas personas tienen mapas mentales que les sugieren: «Renunciar a cualquier cosa es malo». Esta creencia les impide llevar a cabo los cambios necesarios. Leer: C. Carver y M. Sheier, «Three Human Strengths» [Tres fortalezas humanas], *A Psychology of Human strengths: Fundamental Questions and Future Directions for a Positive Psychology* [Psicología de las fortalezas humanas: Preguntas fundamentales y direcciones futuras para una psicología positiva], *American Psychology Association*, editores L. Aspinwall y U. Staudinger, Washington, DC, 2002, pp. 87-102. En ocasiones, es lógico abandonar un proyecto o una meta, y eso no quiere decir que eres un «derrotado».

Malentender la lealtad

Los mapas mentales más poderosos que poseemos son los relacionales. De hecho, nuestros primeros mapas sobre el mundo provienen de nuestras relaciones. Quizá esto no te parezca novedoso, pero es muy importante para los cambios. Cuentas con un *software* que te dice cómo negociar prácticamente cada aspecto de tu vida que tenga que ver con las relaciones, y los mapas rigen cómo piensas, sientes y actúas.

Si estas reglas chocan con algún cambio, entonces te sientes paralizado. En una ocasión, trabajé con el dueño de una empresa cuyo mentor lo había introducido y lanzado en el negocio. Para el empresario, su mentor representaba un regalo valioso, y sin él probablemente no hubiera iniciado. Habían trabajado juntos en ese negocio durante una década.

Sin embargo, un tiempo después, el discípulo superó al maestro, y era hora de separarse. Al discípulo se le presentaban grandes oportunidades, y necesitaba tomar una decisión. No obstante, la relación son su mentor se lo impedía. En su mente, había establecido una regla que le hacía pensar que crecer y avanzar significaban ser desleal y desagradecido. No hallaba la forma de separarse de su mentor sin ser tosco. Así que se quedó estancado. Perdió muchas oportunidades. Su mal entendida lealtad había frenado su potencial personal así como el de su negocio. Sentía que le adeudaba tanto a su mentor que nunca podría dejarlo.

Después de reflexionar, concentrarse y «volver a programar» su mapa mental, el empresario llegó a liberarse del conflicto y pudo avanzar. Por fin, se dio cuenta de que salir, perseguir sus planes y convertirse en aquello para lo cual había sido diseñado en realidad validaban a su mentor. También, fue capaz de entender que podía ser leal y mantener una buena relación con él aun cuando dejaran de ser socios. Durante un tiempo, eso le resultó difícil, tal como todo cambio lo es, pero con el nuevo mapa mental, pudo superarlo. En consecuencia, alcanzó un gran éxito, solo que tres años después de cuando pudo haberlo hecho. Me pregunto cuánto desperdició en términos de dinero, logros, crecimiento e incluso contentamiento.

En otros casos, el mapa mental sobre otra persona puede tener un contenido diferente. Como hemos señalado, algunas personas, como Ellen, a menudo sienten que dañarán a las personas si les causan dolor. Otras piensan que destruirán la vida de otra persona si toman una decisión que es buena para ellas pero que requiere que la otra persona asuma cierta responsabilidad por los resultados. Esto, que es común en los negocios y en la vida personal, representa una de las verdades de la vida: en ocasiones, necesitamos hacer algo por nosotros mismos o por nuestro negocio que no es bueno para alguien más, al menos en el corto plazo.

Nuestras decisiones podrían costarle un negocio a la otra persona o forzarla a lidiar con el rechazo y la pérdida. Pero, a la larga, esa persona es responsable de su vida, como adulta que es. No obstante, si tu mapa mental te dice que debes asumir la responsabilidad de otros adultos como si se tratasen de tus hijos, entonces algo anda mal en tu mapa, y no es de extrañarse que no estés llevando a cabo aquellos cambios que tanto se necesitan.

El mapa mental que hace que las personas tomen la responsabilidad que a otros les compete es uno de los que más retrasan los cambios. Por lo general, ese mapa aparece porque en su infancia las personas fueron educadas para sentirse culpables por tomar decisiones que no eran del agrado de los padres u otros miembros de la familia. Al crecer, estas personas necesitan aprender un nuevo mapa mental que les diga: «No te estoy haciendo esto "a ti". Lo estoy haciendo 'por mí'». Entre esas posturas existe una gran diferencia.

La lealtad es esencial, y representa uno de los aspectos del carácter más importantes que podemos tener. Pero el amor leal no significa que debamos asumir la responsabilidad por la vida de los demás de manera infinita e inadecuada. Tampoco significa que uno debe soportar para siempre los malos tratos provenientes de una mal entendida lealtad.

Crear un mapa mental de codependencia

Otro mapa mental que tiene que ver con las relaciones es aquel por el cual nos responsabilizamos del dolor de la otra persona aun cuando el detonante se ha acabado. Como este tema se ha discutido ampliamente en los estudios sobre las adicciones y la literatura de autoayuda, casi no lo incluyo en este libro. Sin embargo, no puedo ignorarlo ya que es uno de los patrones de conducta más arraigados, patológicos y arquetípicos de la raza humana. Pareciera que nuestra especie es un «detonante» del dolor, y que esa facultad se encuentra sumergida en nuestro ADN imperfecto y se muestra desenfrenada en el mundo de los negocios.

De hecho, la idea del «ADN imperfecto» es una buena forma de entenderlo, pues es *cuidar de los demás sin tomar el control*. Las personas impulsan a otras porque se preocupan por ellas. Pero este tipo de cuidado no los cuida del todo y resulta ser destructivo para la persona que intentamos ayudar. Es una dependencia enfermiza. Permite que los hijos adultos dependan de sus padres aun cuando deberían ser adultos independientes. No les permite a los cónyuges y amigos adictos salir de su problema aun cuando deberían tocar fondo y reaccionar (lee en el capítulo siete sobre el sabio, el tonto y el malvado). Esa dependencia mantiene a los empleadores atascados en problemas sin solución y paraliza el crecimiento profesional de los empleados. Es horrible, y sin embargo, es uno de los mapas mentales más poderosos que las personas poseen. Así que asegúrate de hacer esta clara distinción en tu pensamiento:

Existe una diferencia entre ayudar a alguien que es discapacitado, incapaz o que se encuentra enfermo y ayudar a una persona que se niega a crecer y ocuparse de aquello en lo que un adulto (o un niño, si ese es el caso) debe responsabilizarse: él mismo o ella misma. Si, de alguna manera, te hallas asumiendo las responsabilidades de otra persona, retrasas el cambio y dañas a esa persona.

No todas las empresas tienen este mapa mental en su ADN, pero, a menudo, este mapa se encuentra en tres tipos de instancias: (a) empresas privadas que profesan mantener una cultura en donde «todos somos una familia», (b) empresas familiares e (c) instituciones sin fines de lucro. En mi experiencia, el hábito de proteger a otros se manifiesta más en esos ambientes que en aquellos donde impera la cultura orientada al desempeño. A continuación, comento las ventajas y desventajas de esos tipos de mapas:

Primero, me gusta cuando una empresa tiene una «cultura de familia». Es maravilloso observar cuando una compañía realmente cuida de las personas y crea una cultura en la que ellas se sienten parte de la «familia Acme Inc.». Esto connota muchas cosas buenas: lealtad, compromiso, comunidad, valores, pertenencia, cuidado mutuo, etcétera. Pero, en ocasiones, el compromiso de ser parte de una familia se puede interpretar de dos maneras destructivas y tácitas. La primera es que «te soportaremos sin importar tu desempeño, y siempre tendrás un puesto aquí». ¡Esto ni siquiera debería ser válido en la familia biológica! Yo les digo a mis hijos que cualquiera que viva en la casa debe contribuir. «Dividiremos los quehaceres de la casa, y el pago por vivir aquí es que cada uno tenga sus quehaceres. Muy bien, la primera tarea de la lista es el pago de la hipoteca. ¿Quién se quiere hacer cargo de ella?». Nadie levanta la mano. «Muy bien, me haré cargo de ella. ¿Quién alimentará al perro?». Aquí es cuando varios levantan la mano, ya que saben que lo estoy diciendo en serio. Sin embargo, muchas empresas que mantienen el «mantra de la familia» ni siquiera actúan como lo haría una familia normal, la cual exige que todos los que viven en la casa tengan sus quehaceres y que contribuyan con su cumplimiento. Así que si en tu empresa van a tener una «cultura de familia», la cual es fabulosa, por lo menos, ¡no se conviertan en una familia disfuncional!

Segundo, en estas empresas, esto también se puede interpretar como: «Si te dedicas a nosotros, cuidaremos de ti casi por el resto de tu vida. Tienes un puesto aquí sin importar lo que suceda». No es que la empresa en sí lo insinúe, sino su filosofía en general. Una vez más, sin buscar parecerme al Sr. Potter, el negociante de la película *¡Qué bello es vivir!*, quien odiaba las «tonterías sentimentales» que aliviaban a las personas, esta filosofía puede ser una manera de pensar infantil. Puede llevar a los empleados a creer que la compañía es responsable de su bienestar. Con frecuencia, los empleados descuidan su crecimiento y no reconocen que necesitan asumir la responsabilidad de convertirse en personas valiosas *para ese negocio o cualquier otro*. De forma irónica, ese descuido los hace más dependientes de la empresa.

Pero, si están en continuo desarrollo, su excelente desempeño ejercerá una presión real sobre la empresa para que los trate mejor que cualquier otra de las miles de empresas que quisieran contratarlos. En ese caso, tienen una buena y saludable *interdependencia* que trae vida y mucho beneficio para los empleados y la empresa. Sin embargo, la idea de que ellos son los «hijos» de la empresa, a quienes esta cuidará sin importar lo que suceda, no es buena para nadie.

En los negocios familiares, el síndrome de no emprender el vuelo se puede convertir en una práctica empresarial. Si no conoces este síndrome, se refiere a las personas de veinte años o más que todavía viven con sus padres sin haber hecho una exitosa transición a la adultez. En verdad, existen circunstancias en las cuales vivir con los padres tiene sentido, y eso no lo condeno. No obstante, en ocasiones, esta situación no es buena y lleva a un adulto a la dependencia infantil. (En algunos casos ni siquiera le podemos llamar una dependencia infantil *saludable,* ya que algunas veces estos veinteañeros no ayudan con los quehaceres, las exigencias o las responsabilidades; ni siquiera consideran la permanencia con sus padres como una oportunidad para hacer algo más, como seguir estudiando.)

Pero cuando esta dinámica se interioriza en una empresa, a los hijos ya crecidos se les permite «trabajar» ahí, y ostentan importantes cargos solo porque son de la familia, no por que tengan un buen desempeño. Esto es destructivo para los que *sí* tienen un buen desempeño, los que no lo tienen, el negocio mismo, la cultura, la familia y, *en especial, para los otros empleados que trabajan arduamente y son testigos del nepotismo.*

De igual manera, en ocasiones dentro de estas empresas, el sentimiento de familia se puede extender a los empleados, y las mismas dinámicas de una familia disfuncional se convierten en prácticas corporativas. Estos mapas mentales pueden ser dañinos para todos los involucrados y pueden impedir que se lleven a cabo los cambios necesarios.

Revisa en tu interior para determinar si tienes estos mapas relacionales que pueden dañar tu empresa, tus empleados y a ti mismo.

EXPERIENCIAS PREVIAS
Nuestro temperamento psicológico es una colección de experiencias previas que determinan lo que pensamos sobre los cambios. Tal como hemos visto, de forma natural deberías tomar la iniciativa para realizar cambios progresivos durante toda tu vida. Pero si en tus años formativos experimentaste cambios dolorosos o creaste mapas mentales disfuncionales en torno a estos, hoy podrías enfrentar dificultades.

En una oportunidad, trabajé con la directora general de una empresa turística, quien había experimentado muchas pérdidas en el inicio de su negocio. Como resultado, era incapaz de finalizar las cosas, ya fuesen personales o profesionales. Cada vez que pensaba en hacer algún cambio, se desmoronaba y abandonaba la idea. Al revisar la situación e identificar este patrón dentro de su lista de clientes, notamos que había similitud con su vida amorosa. Había clientes y empresas que desde hacía mucho se habían quedado rezagados en lo cualitativo, cuantitativo y estratégico en comparación con su empresa. Pero la directora general seguía involucrada con esos clientes y esas empresas y se sentía incapaz de «liberarse» de ellos.

En otros casos, hay personas que no han adquirido las habilidades para realizar cambios de la mejor manera. Nadie les ha mostrado cómo sostener una conversación difícil o cómo comunicarse para solucionar un problema, de tal suerte que el cambio no tenga que ocurrir. El ajuste de sus mapas mentales requiere llenar los vacíos en su desarrollo, de manera que después de disminuir los sentimientos de impotencia logren ejecutar los cambios. (Hablaremos sobre cómo desarrollar las habilidades más adelante.)

Por otro lado, tenemos el sentimiento de impotencia aprendida que hemos mencionado y que muchas personas adquieren en sus años de formación. Sus primeras experiencias les enseñaron que al hallarse en una situación que les causaba sufrimiento, no había nada que pudieran hacer para cambiarla, más que adaptarse a ella y quedarse atascadas. Y eso es lo que hacen. Los grandes líderes toman decisiones totalmente opuestas. Ellos se ponen en pie y realizan cambios amplios y decisivos para eliminar el sufrimiento y crear un nuevo futuro. Las personas con impotencia aprendida adoptan una mentalidad que les dice: «Está bien, supongo que tengo que aceptarlo». Eso es lo que aprendieron a través de sus experiencias en sus años formativos.

No obstante, una vez se dan cuenta de que este es un mapa mental obsoleto que no representa la realidad que las rodea, pueden comenzar a avanzar y realizar los cambios necesarios para construir por completo una nueva realidad. Esta dista mucho de la realidad en la que creían estar atascadas.

Peter Drucker solía decir que los grandes líderes toman «decisiones de vida o muerte», las cuales, enfatizaba, por lo general tienen que ver con las personas. Esas son las decisiones que provocan enormes cambios de dirección en las empresas y en las cuales la vida o la muerte de la visión depende de que alguien se ponga en pie y avance. Si te sientes impotente en alguna situación o tienes un mapa mental que no te permite movilizarte, no podrás tomar decisiones de vida o muerte. En lugar de eso, tendrás la tendencia a aceptar la muerte paulatina de la moral, la iniciativa y, a veces, hasta la muerte misma del negocio. En el ámbito personal, dejarás pasar todas las cosas vitales.

Aunque no puedas controlar la reacción de las personas, las etapas o los mercados, siempre puedes controlar tu reacción a ellos, si tu mapa mental te dice que puedes hacerlo.

CAPÍTULO 5

Llegar al momento de la poda: Realismo, desesperanza y motivación

En su libro *De buena a grandiosa*, Jim Collins describe lo que él denomina el líder de nivel cinco, es decir, aquella persona que posee la dualidad de la «voluntad profesional» y la «humildad personal». Describe a este tipo de líder como «humilde e intrépido», una aparente paradoja. Puesto que después estudiaremos la característica de la humildad, que es esencial para realizar bien los cambios necesarios, me gustaría que primero habláramos sobre «la voluntad de hierro», que es un requisito para ponerse en pie y realizar los cambios en primera instancia. ¿De dónde viene la voluntad de hierro? ¿Naces con esa voluntad o la aprendes? Aun más importante: ¿puedes hallarla si no la posees?

Desde hace mucho, los estudiosos del liderazgo han debatido si los líderes nacen o se hacen. En realidad, ambas respuestas son correctas, como sucede con la mayoría de los debates que parten de la dicotomía naturaleza-crianza. Parece que algunas personas tienen los genes de la valentía; además, sus experiencias las han convertido en quienes son. Peyton Manning es un mariscal de campo grandioso; es evidente que su físico y su temperamento son sus dones para jugar fútbol. *Además,* él y su hermano Eli tuvieron un excelente mentor y padre, quien les ayudó a desarrollarse a lo largo del camino. Genes y experiencia.

También, sabemos que existe un tercer componente importante: *las decisiones personales.* Esa es una buena noticia, especialmente para quienes sienten que implementar cambios necesarios no es algo que les resulte natural.

Sin embargo, en cualquiera de los casos, ya sea que hayan nacido, se hayan desarrollado o hayan sido impulsados por sus propias decisiones, las personas y los líderes exitosos tienen algo en común:

Se mantienen en contacto con la realidad.

Si buscas la fórmula para convertirte en una persona motivada e intrépida, aquí la tienes: *debes ver la realidad tal como es,* en otras palabras, *lo que no está funcionando bien no lo hará por arte de magia.* Si algo no está saliendo bien, debes admitir que lo que estás haciendo para solucionar el problema es inútil.

Este capítulo se trata de la virtud salvadora de la desesperanza.

Descubrir que ya no hay esperanza hace que las personas lleguen al momento real de podar lo innecesario. Es el momento cuando despiertan, se dan cuenta de que debe ocurrir un cambio y, finalmente, se sienten con la energía para llevarlo a cabo. Nada nos puede movilizar más que una fuerte dosis de realidad. Ya sea para un adicto que toca fondo y termina un patrón destructivo o para un director general que enfrenta un juicio por bancarrota y se ve forzado a la restructuración que tanto había evitado, la realidad nos impulsa a hacer cosas difíciles.

VER LA REALIDAD DE UNA PODA NECESARIA
Si revisas la literatura sobre el liderazgo, encontrarás un aspecto repetitivo en todas las descripciones que los autores hacen del mejor líder. Los grandes líderes tienen la habilidad natural o aprendida, tal como dice Collins, para «enfrentarse a los hechos avasalladores de la vida». En particular, esto es válido cuando se entiende que es necesario hacer cambios. Un erudito de Drucker, Jeffrey Krames, lo explica así: «Algunos gerentes son más capaces que otros de dejar atrás el pasado. *Con frecuencia, aquellos que tienen una mayor dificultad para dejar atrás las cosas son aquellos a quienes les cuesta*

enfrentar la realidad. Por un espacio de seis años, el doctor Sydney Finkelstein, autor de *¿Por qué fracasan los ejecutivos brillantes?*, investigó las dos principales causas del fracaso de una administración. Ambas se relacionan directamente con la incapacidad de enfrentar la realidad.

»Según el estudio, las organizaciones cometen sus más graves errores cuando en la mentalidad de su liderazgo se desecha la percepción de la realidad de las empresas. El segundo aspecto que más contribuye al fracaso ejecutivo es "*la actitud ilusoria de mantener esa noción equivocada de la realidad*" (énfasis agregado).

»Quizá esto explique por qué Jack Welch consideraba que "enfrentar la realidad" era la primera regla en los negocios. En GE, él repetía este mantra una y otra vez, lo cual le ayudó a tomar decisiones difíciles que le agenciaron honores, como el de la revista *Fortune* que lo nombró el Gerente del Siglo».

Finkelstein explica, además, que enfrentar la realidad es el ingrediente clave para llevar a cabo lo que Drucker denominaba el «abandono» de lo que se interpone en el camino hacia el futuro. ¡Qué grandiosa manera de describir los cambios necesarios!

Enfrentar la realidad no solo representa uno de los requisitos más importantes para lograr el éxito, sino también es un paso importante para llegar al momento de la poda. Tal como Krames dice: «Es el elemento clave para implementar algo». Aceptar plenamente la realidad constituye la «¡Eureka!» del momento de la poda, así como el *combustible* que nos puede brindar el valor para tomar las decisiones difíciles. Nos da el poder de hacer lo que de otra manera sería difícil.

Abandonar la resistencia a «aceptar completamente la realidad», como dice Krames, tiene un enorme poder y energía para movilizarnos hacia aquello que pudiéramos estar evitando, es decir, dejar atrás lo que puede mantenernos atascados. Cuando conduces tu automóvil por una calle que sientes no es la indicada, decides dar la vuelta cuando, con toda claridad, ves que has llegado a un callejón sin salida. Después de enfrentar el impacto y el desánimo inicial, ver la cruda verdad de que lo que estamos haciendo no nos llevará a ningún lugar nos permitirá cambiar las cosas.

Sin embargo, tal como el estudio de Finkelstein reveló, muchas personas tienen una mentalidad o unas «actitudes ilusorias» que mantienen vigente la realidad obsoleta e inexacta. Mientras esas actitudes sigan en funcionamiento, resultará difícil que el combustible de la realidad nueva y exacta comience a funcionar para brindar ese sentido de urgencia y la motivación necesaria para llevar a cabo un cambio. En este capítulo veremos cómo capturar esa realidad y deshacernos de esa mentalidad y esas actitudes.

MUERTE A LA VIEJA MANERA DE HACER LAS COSAS

La empresa estadounidense Welch Allyn, de noventa y cinco años de existencia, es líder en el mercado de los equipos médicos. Desde sus primeros días cuando el Dr. Francis Welch y William Noah Allyn inventaron el oftalmoscopio con iluminación directa, la empresa cuenta con una larga tradición de innovación en su campo. Con el transcurso de las décadas, la compañía ha gozado de la lealtad de sus empleados y clientes, gracias a su cultura empresarial orientada a los valores, la cual nivela las cosas buenas que vienen con el hecho de ser una compañía familiar. El ADN de la empresa, construido en torno a la filosofía de «ser siempre amable y fiel», la ha llevado a un crecimiento continuo desde su inicio. Si alguna vez has estado en la clínica de un doctor, es probable que te hayan examinado, medido o monitoreado con uno de los instrumentos de Welch Allyn, y podrías reconocer de inmediato su logotipo distintivo de colores azul y verde.

Es fácil sentir la tentación de seguir haciendo las cosas de la misma manera en un contexto empresarial donde ha habido un crecimiento continuo y ganancias a lo largo de las décadas, donde el mercado ha sido fuerte y estable, donde ha existido reconocimiento de marca y liderazgo en la industria, donde los empleados se han mantenido felices y satisfechos y donde ha habido una base permanente de clientes leales y bien atendidos. «No cambies nada, no lo eches a perder». ¿Por qué razón querrías cambiar algo cuando tienes, en una medida creciente, lo que toda empresa intenta lograr? (Ser líder en el mercado, tener buenas ganancias y gustarles a todos los que influencias).

No lo cambiarías *a menos que tu visión del mundo incluyera las etapas y los ciclos de la vida, así como un cúmulo de experiencias que te hayan entrenado para reconocer el momento de podar cuando estés frente a él y sientas pavor*. Eso fue lo que le sucedió a Julie Shimer, directora general de Welch Allyn.

Shimer llegó a ese cargo luego de ser seleccionada de entre la junta de directores, por lo que ya conocía la compañía y el negocio. Pero no fue su experiencia en la junta la que le permitió ver el momento de la poda que se necesitaba en Welch Allyn, sino el hecho de ser una experimentada ejecutiva en el campo de la tecnología. Ella había sido testigo y había sobrevivido las consecuencias de la falta de acción de líderes que no implementaron cambios necesarios.

Como ingeniera de profesión, Shimer comenzó su carrera en Bell Labs, donde aprendió el proceso riguroso del desarrollo de productos tecnológicos y la dinámica empresarial inherente que se da entre su desarrollo y su puesta en el mercado. Esta era una de las habilidades principales de Shimer. Luego, se pasó a trabajar a Motorola, donde continuó su carrera, supervisó el desarrollo de productos y analizó el estado de perdidas y ganancias. Ella explica que fue ahí donde recibió el verdadero entrenamiento sobre lo que sucede cuando los líderes no hacen los cambios necesarios y las consecuencias para la compañía. Fue esa experiencia en Motorola y en la industria inalámbrica la que ha impulsado eso que parece ser la innovación más grande de Welch Allyn hasta la fecha: la introducción de una plataforma única de diagnóstico para la innovación en todos los equipos médicos de Welch Allyn.

¿Qué quiere decir esto? Significa que Shimer está llevando a la compañía por el proceso de terminar la práctica de que cada equipo médico funcione con su propio sistema operativo, además de estar *iniciando una plataforma única para todos, con una interfaz de usuario simple*. Puesto que esto es algo que nunca se ha había hecho, Shimer está deshaciendo los aspectos técnicos del diseño de equipos médicos de los últimos cien años y, por lo tanto, está implementando un cambio necesario. El resultado será que, sin importar el equipo que el doctor o la enfermera utilice, la interfaz tendrá la misma apariencia que los demás equipos que usen y funcionará con el mismo sistema operativo o plataforma. Piensa en *iPod, iPhone, iTunes*. Y, al igual que el *iPhone*, esta plataforma también desplegará una arquitectura abierta y disponible para un número ilimitado de desarrolladores externos de *software*. Esto quiere decir que los desarrolladores de *software* de todo el mundo pueden crear aplicaciones que harán que los equipos de Welch Allyn se conviertan en el estándar de la industria para, prácticamente, cada aspecto del diagnóstico médico de vanguardia.

Tal como el *iPhone* puede hacer las cosas que quieras según el número de aplicaciones que tengas, Welch Allyn podrá liderar la mayoría de los equipos médicos a escala mundial, una hazaña cuyo «momento» nadie más ha logrado ver. Esta necesidad médica práctica es de gran proporción en un ambiente donde cada vez más se prioriza estar a la vanguardia y donde más personas con bajos niveles de entrenamiento están a cargo de proveer los servicios.

Ahora, hablemos del momento de la poda. *¿Por qué Shimer logró ver lo que otros no habían visto?* ¿Qué la impulsó al momento de la poda en el que, en términos de Drucker, decidió «abandonar el pasado» e implementar un cambio necesario en la forma como la empresa había fabricado productos durante noventa y cinco años? En pocas palabras, *Shimer dejó de confiar en la vieja manera de hacer las cosas, aun cuando daba resultado*. Para entenderlo, tienes que volver al punto en el que aprendió a reconocer los ciclos y las etapas de la vida y a entender que, de no hacerlo, podría perderlo todo. Le hice esa pregunta, y esto es lo que me respondió:

«El verdadero momento de aprendizaje llegó cuando Motorola no logró subirse a la ola de la tecnología celular digital. A mediados de los noventa, AT&T le solicitó a Motorola desarrollar un teléfono digital. Motorola pensó que los clientes no aceptarían lo digital por la mala calidad en la recepción de voz. Mantenían la actitud de que eran los líderes en el mercado, que les estaba yendo bien y que si se negaban a esa solicitud, esta no ocurriría. Así que AT&T tocó las puertas de Nokia, y esta empresa entendió la solicitud y respondió: "Lo haremos por ustedes". Siendo una empresa nueva en el negocio, Nokia tomó la iniciativa, puso punto final a la era de lo análogo e inició la nueva era digital. Nokia le arrebató el liderazgo del mercado a Motorola. *Ignorar el final de los teléfonos móviles análogos fue un gran error. De esa experiencia aprendí a prestar atención cuando algo ha terminado y es hora de crear el sentido de urgencia sobre algo nuevo.*

»Así que cuando llegué a Welch Allyn, me di cuenta de que faltaba una estrategia de plataforma general. La estrategia que tenían era seguir fabricando productos grandiosos con excelentes características, y eso hacían. Welch Allyn era rentable cada año. Sin embargo, yo podía visualizar un final, ya que otras partes del mundo tecnológico estaban migrando a los enfoques de plataforma. RIM y Apple lo hacían, y eso era evidente en todas partes, excepto en el ámbito de los equipos médicos. Así que *empecé a sentirme intranquila en cuanto al futuro,* ya que Welch Allyn transitaba un camino que había sido exitoso durante mucho tiempo, pero que no lo sería para siempre. Ya lo había visto suceder, y había aprendido la lección.

»Fue entonces que contraté a un consultor de planificación estratégica y nos embarcamos en un proceso de planificación. Comenzamos con una evaluación de mercado, el trabajo que realizábamos para nuestros clientes, nuestras fortalezas y debilidades, las amenazas y las oportunidades. En un punto del proceso, el consultor preguntó sobre el *sentido de urgencia del equipo de trabajo en lo referente al cambio, en contraposición* con el mantenimiento del orden de las cosas. Todavía no sabíamos qué teníamos que hacer, pero cada uno de los miembros del equipo se calificó con un ocho o más de diez puntos posibles en la escala del "sentido de urgencia en lo referente a un cambio". Sentíamos que la introducción de productos nuevos y la innovación se hallaban estancadas, sin un plan estratégico, y que no nos habíamos vuelto astutos. Nuestros recursos no se alineaban a una estrategia en particular, y, cada vez más, sentíamos la urgencia de tener una visión clara que nos diera rumbo y nos permitiera alinear esos recursos.

»El adelanto y el momento de la poda llegaron cuando hicimos el ejercicio de imaginarnos el futuro ideal. Se nos pidió describir "el futuro deseable". Comenzamos con nuestros clientes, es decir, el doctor o la enfermera. Vimos que en su futuro, se les pediría trabajar cada vez más, se les pagaría menos por cada visita, tendrían pacientes más enfermos, les ayudarían asistentes con menos entrenamiento de calidad, menos enfermeras les asistirían, etcétera. *Nos preguntamos cómo construir un futuro deseable para los doctores y las enfermeras a quienes servíamos. "¿Cómo podemos crear un futuro ideal para ellos?".*

»Salimos con la idea de una plataforma de diagnóstico que pudiera satisfacer las necesidades actuales y emergentes que enfrenta el personal de salud al frente de la batalla. Visualizamos un futuro para los servicios de salud en el cual un doctor pudiera tener una aplicación o un equipo de Welch Allyn con una apariencia y unas funciones comunes, y que pudiera obtener información, transferirla, mostrarla a otros con facilidad, enviarla a archivos médicos electrónicos. Queríamos que los doctores, no muy familiarizados con la tecnología, lo encontraran fácil de utilizar. Le pusimos nombre en código a este escenario: *WAPPLE*, es decir, *Welch Allyn Apple*... Apple para doctores. *Ese fue el momento en el que vi que el enfoque de una plataforma nos ayudaría a alcanzar nuestro futuro ideal. Era una realidad clara, de la cual no podía echar marcha atrás. Me di cuenta de que la manera en que hacíamos las cosas no permitiría que alcanzáramos la realidad futura que deseábamos. Debíamos cambiar.*

»Todo lo que podía ver era que Motorola había perdido la transición digital en la telefonía así como el liderazgo. Me propuse que eso no sucedería en Welch Allyn. Durante casi un siglo, Welch Allyn había sido un líder en innovación, y era el momento verdadero de innovar. No obstante, eso requería un cambio enorme: terminar por completo nuestra línea de productos existente, y hacer que cada uno de los productos de Welch

Allyn cambiara a nuestra nueva plataforma de diagnóstico para la innovación. Sería un cambio gigante, pero si no lo hacíamos, sabía el futuro que nos esperaba. Lo había visto ocurrir en la industria de la telefonía, y no deseaba que nos sucediera aquí. Para mantener el legado del liderazgo innovador, teníamos que iniciar un capítulo nuevo y grandioso en la historia de Welch Allyn. Y aunque nuevo, el capítulo coincidiría con el ADN de la compañía en su capacidad innovadora. Si no cambiábamos, sabía que el ADN innovador estaba en riesgo. No podía permitir que algo así sucediera. Significaba que necesitábamos cambiar para mantener el espíritu innovador que siempre habíamos tenido».

Shimer se percató de la realidad que tenía frente a sus ojos: *cambiar o morir*. Tenía razones suficientes para hacerse falsas ilusiones ya que, después de todo, Welch Allyn disfrutaba de ganancias en el mercado en muchos de sus productos. Durante muchos años, había cosechado ganancias y crecimiento continuo. La industria ama a esa empresa por buenas razones. Esto puede hacerte sentir muy cómodo, a menos que en tu entendimiento del mundo sepas que, sin importar lo cómodo que estés en la época fructífera del otoño, el cruel invierno puede venir, y lo hará. Shimer no temía a esa realidad y la había visto suceder tanto en Motorola como en otras empresas. Prefirió la realidad en lugar de la comodidad. Se detuvo a contemplar el mundo para notar lo que la realidad de las plataformas estaba haciendo y cómo Welch Allyn necesitaba alinearse con ella. Por lo tanto, el momento de la poda estaba justo frente a ella.

El liderazgo de Shimer es un ejemplo de cómo hay que apropiarse de la realidad y llevar a cabo los cambios necesarios sin temores. ¿Cómo lo logras?

Lo haces al perder la esperanza en lo que no está funcionando.

El primer paso que te motivará a hacer lo que necesitas es reconocer que lo que haces no te dará lo que esperas. Cuando esto sucede, de inmediato experimentarás un momento de descubrimiento. Te darás cuenta de que para alcanzar lo que quieres, *debes* realizar un cambio. Descubres que seguir haciendo lo que haces es inútil, y comienzas a tener la motivación para llevar a cabo el cambio. De ahí que la desesperanza puede acercarnos a la audacia, pues *no se necesita valor para dejar de hacer aquello que no funciona*. Cuando ves que un tren se acerca, el temor se activa en favor tuyo y te impulsa a apartarte del camino. Solo necesitas tener, de forma continua, una buena dosis de realidad para confirmar que no vas a ningún lado. La realidad te hace sentir incómodo, lo cual te motiva a la acción. En ocasiones, es el paso más importante que puedes dar, ya que te brindará el combustible para movilizarte.

Sin embargo, recuerda que, para llegar ahí, tienes que ser franco contigo mismo y estar listo para enfrentar la desesperanza. Tienes que llegar a ese momento con una visión 20/20 para lograr verlo, y esto se logra al hacer lo que vimos en los capítulos anteriores. Para tener una visión clara, debes implementar los pasos de los que hemos hablado. A continuación te muestro un breve repaso:

1. **Escudriña lo que sientes en relación a podar en general, e identifica cualquier indicio de resistencia emocional o intelectual al cambio.** No aceptarás la realidad de la poda si tienes conflictos internos con la idea. Shimer no tenía ningún conflicto al respecto. Según su relato, había solicitado hacer cambios en Motorola y la respuesta fue negativa. No le incomodaba eliminar aquello que era necesario eliminar.
2. **Haz que los cambios sean un acontecimiento normal en los negocios y la vida, de manera que los esperes y los busques en lugar de verlos como un problema.** Si en verdad crees que la poda, los ciclos y las etapas de la vida son tan reales como la gravedad, no tendrán que convencerte para aceptarlos; siempre estarás buscándolos.

Tal como un buen constructor en el negocio de bienes raíces no espera que una temporada alta dure para siempre, Shimer no creía que las ganancias continuas en el mercado serían eternas para una empresa que no eliminaba las viejas tecnologías ni migraba a la nueva tendencia del mundo: las plataformas. Nuevamente, era la lucha entre el tren y el avión, entre lo alámbrico y lo inalámbrico. Lo que está agonizando o ya está muerto debe retirarse, y ese es un proceso normal. La visión del mundo de Shimer le permitía esperar los ciclos y las etapas de la vida. Así como una persona planifica su jubilación, ella sabía que tenía que planificar de cara a la caída en desuso de los productos. Gracias a su experiencia en Motorola previa a su incorporación a Welch Allyn, Shimer supo ajustar su visión al respecto para que volviera a ser 20/20, lo cual le permitió ver con claridad. Que no te sorprenda lo obsoleto: *espéralo y haz planes para ello*.

3. **Identifica los mapas mentales que te impiden realizar los cambios necesarios**. En el capítulo cuatro, mencionamos muchos de los mapas mentales personales que obstaculizan nuestro camino. Al hablar con Shimer sobre esto, me aseguró que sus veinticinco años de experiencia y liderazgo habían barrido con sus mapas mentales. Había erradicado aquellos flojos pensamientos que le impedirían realizar el cambio, luego de haber visto muchas situaciones en las cuales la falta de cambios había causado más sufrimiento de lo que pudieron haber solucionado. Resultaba irónico que el único patrón de pensamiento en el que debía trabajar, según comentó, iba en la dirección opuesta. Tenía que cambiar la idea de que sería fácil hacer que todos la apoyaran. Comprendió que ponerse en marcha y ejecutar el monumental cambio requeriría dar más pasos de los que había previsto. Ella pensó que todos los demás se percatarían de la realidad de inmediato, y que se subirían a la ola del cambio. Sin embargo, por suerte, no enfrentó mucha interferencia interna en contra de su deseo de halar el gatillo y realizar los cambios. *Ese es el más grande obstáculo para el líder*. El resto es cuestión de estrategia e implementación.

Por lo tanto, en este momento, hazte algunas preguntas sobre tu visión: ¿es 20/20 en lo que respecta a estar listo para identificar un cambio? ¿Te diriges con pleno entendimiento a la posibilidad del momento de la poda? Recuerda, tu cerebro modificará la realidad de manera que encaje con tus mapas mentales, así que asegúrate de ver con claridad, sin la interferencia de los mapas que se pueden interponer en tu camino para que no notes la necesidad de hacer cambios. Si esto sucede, ten a la mano los demás ingredientes que te ayudarán a ver la realidad tal como es.

Es mucho lo que está en juego. Si puedes percibir la realidad e identificar que las luces que ves a la distancia pertenecen a un tren que viene directamente hacia ti, tendrás la motivación para hacer los cambios que te llevarán al éxito. Pero si no lo haces, y sigues albergando falsas esperanzas, podrías estar preparándote para el fracaso o algo peor. Resulta obligación volver a la visión 20/20 para que puedas ver la realidad.

EL GRAN IMPULSOR DEL CAMBIO: LA DESESPERANZA

La esperanza es una de las fuerzas más poderosas en el universo. Con ella, podemos soportar casi cualquier cosa, y ciertamente podríamos soportar más que si la perdiéramos o no la tuviéramos. En resumidas cuentas, la esperanza nos mantiene caminando. *Y ese es el problema.*

En lo que respecta a ver la realidad, casi nada se interpone más que la distorsión de la esperanza, desde todos los puntos de vista. Primero, si somos del tipo de personas que pierden la esperanza solo porque algo parece difícil o sombrío, no lograremos mucho. Cuando una persona abandona el pensamiento de que «todo está perdido», puede lograr casi cualquier cosa de valor. Esa es la naturaleza de un liderazgo y una vida de heroísmo. Así como el almirante James Stockdale lo experimentó como prisionero de guerra en Vietnam, la esperanza es el requisito para sobrevivir y triunfar. La experiencia de Stockdale les recuerda a los líderes que deben reconocer y enfrentar la cruel realidad y, a la vez, aferrarse a la determinación de vencer, sin importar el tiempo que tome. Al analizar cómo llegar a la realidad, observa la forma como las dimensiones del tiempo y de la esperanza entran en el juego de inmediato, como lo menciona Stockdale.

Él nos dice que debemos reconocer cuán mal estamos y, al mismo tiempo, mantenernos con esperanza, sin importar el tiempo que se necesite. *La esperanza siempre se trata de soportar aun cuando la situación luce mal, y de ser capaces de soportar durante mucho tiempo.* La dimensión del tiempo es un componente clave porque si no se necesitara, la esperanza no serviría de nada. Este día, en este momento, tendríamos todo lo que deseáramos. Pero, muchas veces, no tenemos lo que deseamos en este momento, y debemos resistir durante un tiempo aferrados a la esperanza. Luego, a medida que perseveramos, triunfamos.

La empresa Amazon fue fundada en 1994, y no obtuvo ganancias sino hasta en el año 2001. Tanto los inversionistas como los mercados perdían la esperanza y le hacían pasar malos ratos a su fundador, Jeff Bezos, al tiempo que este seguía esperanzado y trataba de convencer a otros para que también tuvieran esperanza. El tiempo ayudaría, y el tiempo se incorporaría a su modelo de negocios. Jeff mantuvo la esperanza mientras otros la perdían, y ahora Amazon sigue vigente y prospera. Él estaba en lo correcto, y los que perdieron la esperanza se equivocaron. Por lo tanto, la esperanza es buena y requiere tiempo en su ecuación. No obstante también ese es *el* problema: la esperanza compra tiempo y lo gasta.

Se supone que la esperanza nos brinde más tiempo a fin de que lo que esperamos pueda suceder. No obstante, ya que esto es justamente lo que la esperanza hace por nosotros (comprar más tiempo y gastarlo), si no estamos en contacto con la realidad, a veces la esperanza nos causa problemas. *En ese caso, la esperanza hace que transitemos un camino sin oportunidades reales de ser el correcto o de hacer que lo que deseamos ocurra.* En el contexto de una realidad falsa, ¡la esperanza es la peor cualidad que puedes tener!

Sin embargo, en ocasiones, las personas siguen esperanzadas, a pesar de la evidente realidad que está ante sus ojos.

Así como Shimer lo expresó, todos en Motorola tenían la realidad frente a sus ojos: la era digital se avecinaba. Pero sus ganancias generaban la falsa esperanza de que siempre podrían mantenerse en esos altos niveles. Su participación en el mercado alimentó la felicidad que provenía de la esperanza y los llevó justo bajo la sombra de Nokia. Así como la esperanza puede conquistar todo, *la falsa esperanza puede arruinarlo todo*. Motorola necesitaba darse cuenta del futuro desesperanzador de la tecnología análoga, y de que si mantenían la esperanza de que esa tecnología los sostendría, estarían en serios aprietos. Ese tipo de esperanza era un problema.

La falsa esperanza nos compra más tiempo para gastarlo en cosas que no funcionarán además de no permitirnos ver la realidad, la cual puede ser, al mismo tiempo, nuestro mayor problema *y* nuestra más grande oportunidad. La realidad se convierte en nuestro mayor problema porque si no la vemos, no podemos obtener lo que queremos. Y la realidad es siempre nuestra mayor oportunidad pues si logramos verla y aceptarla, podemos encontrar *estrategias verdaderas que sí funcionarán*, las cuales se fundamentan en cosas reales; eso nos permitirá obtener lo que deseamos.

Shimer identificó la falsa esperanza, es decir, pensar que Welch Allyn podría seguir teniendo éxito sin una plataforma aun cuando el mundo de las plataformas había surgido. Se dio cuenta de la desesperanza que envolvía a ese plan, puso manos a la obra y cambió la compañía por completo para alinearla con la realidad del crecimiento a futuro. La desesperanza la llevó a la sesión de planificación estratégica que dio origen a la plataforma. La desesperanza del problema que tenían con la realidad la había conducido a la que quizá ha sido la mayor oportunidad en la historia de la compañía. Esa es la razón por la cual «tener desesperanza» es vital. Puede ser tu guía para obtener todo lo que deseas.

Esto no se limita al mundo empresarial. Me reuní con una mujer que había llegado al momento de podar en su matrimonio. Al fin se había percatado de que sus intentos por hacer que su esposo dejara su adicción al alcohol y por hablar con él al respecto habían fracasado. Finalmente se había dado «por vencida». Pensaba que la situación había llegado al punto de la desesperanza y que era el momento de divorciarse. Eso significó un avance, pues estaba renunciando a la esperanza de que todo lo que ella hacía ayudaría.

Sin embargo, no se había dado cuenta de que su desesperanza también representaba la gran oportunidad de crear un plan nuevo y diferente, uno que tenía la posibilidad de llevarla a alcanzar su meta: un esposo sobrio. Así como Shimer no tuvo que abandonar el negocio de los equipos ni vender la compañía cuando se dio cuenta de que las viejas prácticas no funcionarían, le recordé a esa mujer que no tenía, necesariamente, que divorciarse. La buena noticia que necesitaba escuchar era que por fin tenía la capacidad de hacer algo que, de hecho, podría ayudar.

Al darse cuenta de que sus estrategias eran inútiles, por fin pudo elaborar un nuevo plan que podría sacar a su esposo del alcoholismo. Diseñamos un plan que incluía echar mano de la intervención profesional, utilizar la influencia de otras relaciones importantes que su esposo tenía, buscar tratamiento profesional y mostrar las consecuencias. Ella lo implementó y funcionó. Su esposo se sometió a la rehabilitación, y hoy es una persona sobria. Durante un largo tiempo ha permanecido sobrio, y existe una esperanza realista de cara al futuro. *Pero esto sucedió gracias a que ella llegó al momento de la desesperanza, en el que ya no confió en la vieja forma de hacer las cosas.* Por lo tanto, en algunas ocasiones la desesperanza tiene que ver con abandonar lo que estábamos haciendo para resolver un asunto, no abandonar el asunto en sí. Sin embargo, no podemos alcanzar la esperanza renovada del nuevo plan hasta que no enfrentemos la realidad de que lo que hemos estado haciendo no dará resultado.

De ahí que si la esperanza es buena, pero la falsa esperanza no lo es, ¿cómo las podemos distinguir? ¿Cómo saber cuándo debemos aferrarnos a la esperanza y cuándo debemos reconocer la desesperanza para hacer algo diferente? *Necesitamos un buen diagnóstico.*

EL DESEO EN OPOSICIÓN A LA ESPERANZA
Es imperativo que te deshagas de la esperanza si esta no es para nada esperanza sino solo un deseo vacío. Pero, ¿cómo distinguir entre el deseo y la esperanza?

Cuando la mayoría de personas habla del futuro y desea que algo en su vida sea diferente o mejore, utilizan la palabra *esperanza*. La definición que el diccionario brinda para esa palabra contiene dos aspectos: el primero es «un deseo o una expectativa» por algo que ocurrirá en el futuro. «Tengo la esperanza de que esto cambie». La segunda, por lo general, consiste en «tener razones para creer» que algo ocurrirá. «Ella tiene cierta esperanza por la línea de productos del nuevo año». El verdadero problema se da cuando solo tenemos uno de estos aspectos: *un deseo sin razones firmes*. Esa es la esperanza que se basa en nuestros deseos o antojos, no en la realidad.

No irías a una entidad crediticia a decir: «Nuestro negocio enfrenta un desorden financiero, pero confiamos en que las cosas saldrán mejor el próximo año. Así que, por favor, préstenme ahora un poco de dinero». No hay una razón objetiva ni realista para que el Sr. Banco te preste dinero ahora que el mercado crediticio ha complicado la forma para pasar los problemas a alguien más. Tu esperanza de hacer que tu negocio cambie es una «esperanza definida por el deseo» (solo porque deseas que algo ocurra, esperas que así suceda). Es por esa razón que las personas siguen comprando tiempo con el uso de la falsa esperanza, y lo gastan al esperar que una persona disfuncional cambie, bajo la creencia de que así sucederá y de que su amor, de alguna manera, hará que la persona cambie. No existe una verdadera razón para que las personas alberguen la esperanza, ya que el amor por sí solo nunca ha hecho que una persona renuente cambie (lee el capítulo seis para saber cuándo eso sucede). Sin embargo, cada año, mantienen la esperanza de que, de algún modo, la persona mejorará con tan solo seguir amándola. Lo hacen los padres con sus hijos adultos, a quienes ayudan de forma constante. Lo hacen los cónyuges, a la espera de que las cosas mejoren. Lo hacen los líderes y jefes de empresas, al desear que algo o alguien funcione bien y así «mantienen viva la esperanza». Todos ellos pueden caer en el patrón por el cual «el deseo define la esperanza».

Por otro lado, puedes llegar a la entidad crediticia y decir: «Nuestro negocio enfrenta un desorden financiero, no obstante, acabamos de obtener los derechos para funcionar en doce regiones nuevas que antes no teníamos; contratamos un gerente de ventas experimentado, en lugar del sobrino renegado del jefe; hemos ganado un contrato para ser uno de los proveedores de la NFL y Yahoo! aceptó darnos espacio en su página de inicio. Por lo tanto, tenemos la esperanza real de que a estas alturas del próximo año habremos cambiado las cosas; solo necesitamos un poco de capital para salvar la situación». De esta manera, no necesitarás que el banquero sea un tonto para seguir conversando contigo. El banco tiene motivos reales y objetivos para poner su esperanza en ti, darte el financiamiento y, también, esperar ganancias por su dinero. La esperanza no solo se fundamenta en el deseo, sino también en motivos reales y objetivos para creer que más tiempo ayudará. Eso es muy diferente a solo poseer el simple deseo. Este es el principio:

A falta de motivos reales y objetivos que nos lleven a pensar que más tiempo ayudará, es probable que sea hora de hacer alguna clase de cambios necesarios.

Ese es el momento cuando se cumple el requisito de la desesperanza: entiendes que *aparte de tu deseo, no existe un motivo real para tener esperanza*. No existen motivos reales ni objetivos para seguir pensando que mañana será un buen día. ¿Quiere decir que tu sueño es inútil? No necesariamente. Solo quiere decir que has echado un vistazo al futuro y te has percatado de que no existe una razón real para creer que tu estrategia actual producirá algo diferente a lo que ya ha hecho o que dará resultado frente a la dura realidad. Como se ha dicho: «La esperanza no es una estrategia». No vale la pena invertir tiempo y recursos en esta clase de esperanza. Solo te compra tiempo para seguir cometiendo equivocaciones. Si has caído en un hoyo, la primera regla es dejar de cavar. Lo último que necesitas es este tipo de esperanza.

No obstante, habrás comprendido la realidad cuando por fin logres obtener la maravillosa virtud de la desesperanza al ver que no hay razón para creer que el futuro será diferente al presente. Es inútil seguir haciendo lo que haces y esperar resultados diferentes. Ese tipo de desesperanza es grandiosa; es la puerta de entrada al camino correcto.

Ese es el tipo de desesperanza que motivó a Julie Shimer a actuar de una manera en la que la esperanza realista pudiera aparecer; el tipo de esperanza por el cual vale la pena apostar noventa y cinco años de éxito. Es el tipo de desesperanza que puede impulsar a aquellos que se hallan atascados en alguna relación sin perspectiva a comenzar a hacer los cambios para seguir adelante. Aunque la esperanza es una gran virtud, la esperanza sin el fundamento de la realidad no lo es. En ocasiones, estar desesperanzado es el mejor estado en el que te puedes encontrar, ya que ello puede llevarte, por fin, al momento de la poda. Shimer lo notó y se desesperanzó. En ese momento, todo cambió para Welch Allyn.

Es probable que te encuentres en ese momento. Has albergado la «esperanza» de que algo o alguien cambiará. Puede que lo hagan, por eso, renunciar a la esperanza cuando tienes la victoria a la vista es un error. Pero aferrarte a la falsa esperanza es una fantasía que puede terminar en un error deprimente. La pregunta es: ¿cómo podemos distinguir la diferencia? ¿Existe algún secreto o alguna fórmula? Sin poseer una bola de cristal, ¿existe alguna manera de saber cuándo deberíamos aferrarnos a la esperanza o rendirnos y realizar un cambio necesario?

De eso hablaremos en el siguiente capítulo: cuándo tener esperanza y cuándo abrazar la desesperanza. ¿Cuáles son los motivos reales y objetivos para atesorar la esperanza sin los cuales necesitaríamos un cambio? Pronto lo veremos, por ahora, esta es la interrogante para ti o para tu equipo:

¿Qué otra razón tengo, aparte de mi deseo de que las cosas funcionen, para creer que el futuro será diferente al presente?

En el próximo capítulo, veremos cómo responder esa pregunta.

CAPÍTULO 6

La esperanza contra el deseo: La diferencia entre lo que vale la pena resolver y lo que debería terminar

Lo último que quisieras hacer es implementar cambios sin una buena razón. Tampoco desearías, por nada en el mundo, seguir haciendo lo mismo cuando es evidente que se necesita un cambio. Cuando lo único que tienes es un simple deseo, alimentar «la esperanza» es sinónimo de no ser capaz de aceptar la realidad. Ya sea permanecer en el negocio o retener a una persona, se trata de decisiones muy importantes.

Sin embargo, ¿*qué cosas deberíamos mantener o arreglar y cuáles deberíamos terminar*? ¿Cómo reconocemos la diferencia? ¿Cuándo tiene sentido albergar la esperanza y cuándo no? En el capítulo anterior, vimos cómo una líder aprendió a partir de la experiencia en su antigua compañía. Ella se propuso que nunca permitiría que se cometiese el mismo error, así que abrazó la desesperanza y emprendió el cambio necesario. Recordó el pasado y no quiso saber nada más de él.

Pero, ¿qué sucede si no estás en la misma situación de Julie Shimer? ¿Qué pasa si no hay nada en el registro de tu pasado que te lleve a decir: «He visto esto antes y sé hacia dónde va»? Si nunca habías enfrentado la situación en la que te encuentras, ¿existe otra manera de entenderla? ¿Existe alguna forma de reconocer cuándo hay motivos para tener esperanza y cuándo no? ¿Cuándo deberíamos creer que el futuro será mejor que el presente y cuándo deberíamos implementar un cambio? Estudiemos ciertos indicadores que son útiles y confiables para definir si es realista albergar la esperanza, o si lo que tenemos es solo un deseo que deberíamos desechar.

EL MEJOR VATICINADOR ES EL PASADO
Un amigo me confió que el novio de su hija lo había llamado para invitarlo a cenar, con la intención de hacer la famosa «petición de mano». Mi amigo quería que lo aconsejara sobre cómo tomar esa solicitud. Entendí su temor. Pocos pensamientos son tan espeluznantes para un padre como la incógnita de si *el chico amará a la hija, si la cuidará y la tratará bien*. Cuando considero el futuro como padre de dos hijas, imagino cómo se sintió mi amigo.

Hablamos de cómo lidiar con el asunto, y luego le dije:

—Después de todo eso, dile que te gustaría ver su reporte crediticio y la declaración de impuestos de los últimos dos años.

—¿Qué? ¡Debes estar bromeando! —respondió.

—No, en lo absoluto. Es en serio —le confirmé.

—¿Por qué? No puedo preguntarle cuánto dinero gana. Sería una impertinencia y un mensaje negativo. El matrimonio no se trata de cuánto dinero se gana.

—Exactamente, y el dinero no tiene nada que ver con mi sugerencia. No me importan los números en lo más mínimo o cuánto dinero gana. Pídele que los oculte, si así lo desea. Solo me interesan dos cosas. Primero, el reporte crediticio te mostrará cuánto ha cumplido las obligaciones que otros le han confiado. Si no es capaz de cumplir las promesas que ha hecho en asuntos como el dinero, que ni en sombra se acerca al valor de tu hija, ¿cómo le confiarás el verdadero tesoro? Si tuviera el historial de no cumplir sus obligaciones con entidades crediticias u otras, sería una señal de alerta.

Mientras mi amigo intentaba digerir la idea del reporte crediticio, le expliqué sobre la declaración de impuestos. «No me interesan los números, *solo quiero saber si la ha entregado*. ¿Es responsable con su vida y se encarga de ese tipo de asuntos? Si no es así, es una señal de lo que tu hija obtendrá en el futuro: caos e incertidumbre, a causa del carácter de él. Sería otra gran señal de alerta. Sin importar su estado financiero, me gustaría saber que obedece las leyes, que tiene sus asuntos en orden, que llena la declaración de impuestos y la entrega.

»De ahí que el mensaje no tiene nada que ver con dinero. Se trata de saber cómo se ha comportado en el pasado en lo referente a ciertos asuntos importantes: promesas, obligaciones y responsabilidades; también se trata de analizar su historial. Esto es importante, pues *el mejor vaticinador del futuro es el pasado*. Lo que haya hecho en el pasado lo hará en el futuro, a menos que exista un gran cambio. Puedes apostarlo», le dije.

Sentí que le estaba dando un sermón con mucho entusiasmo, quizá porque en mi mente veía la imagen de mis hijas. Mi amigo pensó que, de alguna forma, el hecho de pedir el reporte crediticio y la declaración de impuestos destruiría la naturaleza de libro de cuentos del «momento de pedir la mano»; sin embargo, yo estaba seguro de lo que le decía. Cuando los pretendientes de mis hijas aparezcan, será mejor que traigan algunos documentos.

En ocasiones, a causa de la fabulosa «esperanza» o del deseo que tenemos, fallamos en preguntar lo primero: ¿qué ha sucedido antes? ¿Cuál es la historia? Prefiero que la hija de mi amigo llegue ahora al «momento de la desesperanza», en lugar de más tarde, cuando el Servicio de Rentas Internas o el banco la llamen para responder por demandas legales. Revisar el comportamiento pasado puede alertarla sobre un futuro de esa naturaleza.

¿Qué significa esto para ti? Significa que, aunque estés lidiando con una situación con la que nunca antes te habías enfrentado y nunca habías vivido nada similar, sí *tienes* experiencia de la cual aprender: ¿qué ha sucedido hasta el momento en *ese* problema? Lo que has aprendido hasta ahora es suficiente material.

Cuando te preguntes si deberías tener esperanza de que una persona o un negocio mejoren, el primer elemento de diagnóstico que debes revisar es lo que ha sucedido hasta la fecha. A menos que algo cambie, lo que ha pasado es exactamente lo que puedes esperar que suceda en el futuro. El mejor vaticinador del futuro, sin variación, es el pasado.

Trabajé con un director general que estaba en medio de un importante proceso de compra de otra compañía. Para tener todo en orden e integrado, necesitaba conseguir a alguien que trabajara como director de operaciones en el nuevo equipo, el cual combinaría a los ejecutivos de ambas compañías. Esa persona estaría a cargo del proceso de integración. Se inició la búsqueda de candidatos. Los cazatalentos seleccionaron a algunos, además de sugerir varias opciones dentro de la misma empresa. Uno de los candidatos internos, Jonathan, tenía fortalezas enormes en ciertas áreas, pero una debilidad mayúscula: en los grandes proyectos, se inclinaba por dirigir los detalles y perdía la visión del cuadro completo. Como resultado, algunas iniciativas importantes habían languidecido, pese a que Jonathan había logrado progresar en aspectos específicos del programa.

Tenía la gran habilidad de trabajar en particularidades y, por ende, perdía de vista el panorama global.

Aun así, el director general apreciaba su energía, su habilidad para conectarse con los empleados, su lealtad y otra gran cantidad de cualidades. Era la persona que más le entusiasmaba para el puesto. Pero me daba la impresión de que la debilidad de Jonathan, la incapacidad de ver el cuadro completo, representaba más de la mitad del trabajo que se requería en el puesto. Si Jonathan se estancaba en los detalles de una pequeña sección del proyecto, el enorme proceso de integración fracasaría. El comportamiento mostrado en el pasado sugería que se quedaría estancado en los detalles.

«Creo que él sería una elección fabulosa para esta integración», dijo. «Podría hacer que todo el equipo trabajara unido y se pusiera de acuerdo. Él les inspira lealtad. Todos lo aman».

«Es tu decisión», le respondí. «Pero déjame recordarte algo. En muchas ocasiones has dicho que te sientes frustrado con Jonathan, por su tendencia a enfrascarse en los detalles y no sacar adelante las grandes iniciativas. Te agrada su trabajo con las personas, pero rechazas su falta de habilidad para avanzar. Siempre te molesta su lentitud, pues se detiene en cosas pequeñas. Es lo que ha sucedido. Me lo has dicho una y otra vez. Y justamente de eso se trata este puesto. Así que si no hay cambios en su proceder, que de hecho no hemos visto ninguno, eso es lo que volverá a suceder si lo pones a cargo de esta integración. ¿Es lo que quieres? Porque eso es lo que tendrás. Te lo puedo apostar».

La repentina mirada desesperanzada en su rostro me dio esperanza. Lo había entendido. Había llegado al momento de la desesperanza, solo con ver el pasado y proyectarse al futuro. Esto es exactamente lo que necesitamos hacer para determinar si debemos albergar o no la esperanza.

Cuando una compañía crediticia se pregunta si debe confiar o no en ti para darte un préstamo por un mes adicional, no se fija en cuán optimista o entusiasta estás de reembolsarles el dinero, tampoco visita a una adivina, sino que se fija en tu desempeño en el pasado, en si has pagado tus deudas a las personas y, entonces, sabe qué puede esperar de ti. En ciertos casos se equivoca, pero la mayoría de veces no. El pasado no miente. Por supuesto, de inmediato surge la duda: «¿Acaso no puede alguien obrar diferente a lo hecho en el pasado?». *¡Claro que sí!* Estamos a punto de verlo. Si eso no fuera verdad, todos estaríamos perdidos. *No obstante, la clave es esta: tienen que existir buenas razones para creer que alguien hará las cosas de una mejor* *manera*. Pero sin información ni acciones nuevas, el pasado es el mejor vaticinador del futuro. Te lo puedo asegurar.

Por lo tanto, estas son las primeras preguntas que debes hacerte sobre la anatomía de la esperanza, no importa si evalúas a una persona o ciertos aspectos de un negocio:

- ¿Cómo ha sido su desempeño hasta la fecha?
- ¿Ha sido lo suficientemente bueno?
- ¿Existe algo que cambiaría las cosas?
- Si no, ¿estoy dispuesto a seguir viviendo lo mismo?

Estas cuatro preguntas pueden ayudarte a ver el panorama con claridad y, si respondes con la verdad, pueden evitar que sigas transitando por el camino al fracaso, el fracaso del pasado. También son preguntas *importantes* para que todo tu equipo de trabajo reflexione sobre las decisiones clave que toman en relación a las personas, las estrategias específicas y los proyectos.

LA ANATOMÍA DE LA ESPERANZA

Cuando consideras el pasado y te das cuenta de lo inútil que resulta esperar que algo cambie en el futuro, obtienes la clase de desesperanza que te impulsará a salir de un simple deseo y fundamentarte en una esperanza realista. ¿Cómo llegas al estado de la desesperanza? Como vimos antes, tomas el desempeño pasado de una persona, negocio o cualquier otra cosa y lo proyectas hacia el futuro:

- ¿Deseo tener esta realidad, frustración o problema conmigo los próximos seis meses?
- ¿Deseo tener este nivel de desempeño dentro de un año?
- ¿Deseo tener las mismas conversaciones dentro de dos años?
- Si la respuesta a estas inquietudes es no, entonces es tiempo de plantearte otras preguntas que te ayuden a descubrir la anatomía de la esperanza real:
- ¿Qué razón existe para creer que el futuro será diferente?
- ¿Qué cambio confiable está ocurriendo?

En el capítulo anterior, mencioné que la diferencia entre la esperanza y el deseo consiste en que la esperanza se fundamenta en evidencias reales y objetivas de que el futuro será diferente al pasado. Cualquier cosa distinta a eso es un simple deseo que viene de tus impulsos personales. ¿Cuáles son las evidencias realistas y objetivas por las que podemos diagnosticar que no necesitamos hacer cambios y que podemos aferrarnos a la esperanza, en lugar de detectar que es hora de abrazar la desesperanza? ¿En qué consiste la esperanza realista? Veamos.

Los cambios son necesarios cuando no hay esperanza. Sin embargo, la esperanza no es una virtud que se puede despilfarrar con facilidad. Necesitamos tenerla en el momento apropiado. Tiene la capacidad de asegurarle el éxito a una compañía tecnológica para los siguientes cien años e incluso de salvar un matrimonio en ruinas. No obstante, para saber cuándo albergar esperanza, necesitamos un diagnóstico que nos guíe. Hablemos de esto ahora.

¿QUIÉN MERECE MI CONFIANZA?
Un día conversaba con un amigo rico sobre cómo invertía su dinero. Le pregunté sobre la forma en que tomaba decisiones respecto a sus inversiones. ¿Cuáles industrias o negocios prefería? Hablamos de ese tipo de cosas, y lo que me respondió encaja con el asunto que discutimos aquí. Me expresó que no invertía en otros negocios fuera del suyo. Cuando dijo eso, no estuve de acuerdo, pues conocía otros negocios en los que él había invertido y se los mencioné.

«Eso no es verdad», me respondió. «Para nada he invertido en esos negocios. No sé nada acerca de esas industrias. Yo invertí en lo que siempre invierto: las personas. En todas esas inversiones, conocía a los líderes y sus equipos de trabajo, su historial y su carácter. En ellos invertí, no en las empresas. No habría entendido los negocios aunque me los hubieran explicado muchas veces. Ciertamente, intenté entenderlos lo mejor que pude, sin embargo, la verdadera inversión fue en las personas que los administraban, en quienes yo confiaba».

Esa es una buena forma de pensar respecto al papel del carácter. ¿Qué clase de personas merece nuestra confianza? ¿Cuándo deberíamos creer que alguien puede cambiar?

Qué sucedería si los marcianos invadieran la Tierra y decidieran convertirnos en una versión cósmica de los gladiadores romanos, solo que en este caso crearan un torneo de golf para determinar si permitirían que los humanos siguiéramos existiendo o no. Digamos que establecen un escenario con un *putt* de cuatro pies sobre una pendiente y con un quiebre al lado derecho del *green* más rápido del club de golf Augusta National. Nos dan a los humanos la oportunidad de hacer el *putt*. Si acertamos, perdonarán a la Tierra; pero si fallamos, nos vaporizarán junto con toda forma de vida sobre el planeta. Solo tenemos una oportunidad, y debemos seleccionar a una persona para que haga el *putt*. ¿Cuál sería la esperanza para la Tierra? ¿Lograríamos seguir con vida un día más? ¿Tendrías esperanza? Bueno, depende.

Depende de *quién esté tirando ese putt*.

Si fuera Jim Carrey u Oprah deberíamos escapar a Venus. Si te quedaras en la Tierra quizá sería porque dependes de un sueño. Pero si fuera Jack Nicklaus, uno de los mejores jugadores de golf en la historia, en el mejor momento de su carrera, no te apresurarías a abandonar tus esperanzas. Tendríamos una oportunidad, y una buena. La clave está en la persona que haga el tiro.

En este escenario, el primer factor a considerar es una pregunta: ¿con quién estoy tratando? Su carácter, su talento y todo lo que la persona es, su carácter, *es* el futuro. El carácter es el destino. Si la prueba marciana se tratara de hacer reír a alguien, podríamos depender de Jim Carrey. Pero si se trata de hacer un tiro, nuestro destino estaría en mejores manos con Jack. Podríamos confiar en que puede salvar la Tierra. Su habilidad está constatada. Además, tendría los elementos que se necesitan. Tendría más posibilidades de acertar que de fallar, por lo que estaríamos esperanzados. (Ahora, si los marcianos nos pusieran a prueba para hacer reír o llorar, Carrey u Oprah estarían en la primera fila.) De inmediato, te puedes dar cuenta de la importancia del carácter en este asunto de la esperanza.

A menudo, ese es el error más grande que cometemos al tratar de definir si deberíamos tener esperanza o no. Olvidamos reflexionar acerca de la persona de la que dependemos para hacer las cosas. En lugar de eso, fijamos nuestra mente en lo que queremos o deseamos que suceda, de tal manera que olvidamos quién está listo para hacer el tiro. Cuando depositamos nuestra confianza en la persona equivocada, los errores se evidencian de varias maneras:

- La persona que no brinda resultados reales «se siente mal» y promete hacerlo mejor.
- La persona que no se ha desempeñado bien «por fin lo entiende», y te asegura que en verdad pondrá todo su empeño «esta vez».
- Deseas lo mejor para esa persona y deseas creer que lo hará mejor «esta vez».

Existen muchas versiones de esta historia, pero el meollo es el siguiente: por equivocación, depositamos nuestra esperanza en alguna promesa, creencia o deseo que las personas nos expresan, pero ignoramos la cruda realidad de quiénes son en verdad.

No sugiero, ni en lo más mínimo, una manera negativa o peyorativa de ver las cosas, pero sí una forma que se fundamente en la realidad. La realidad es que esa persona no ha sido productiva hasta la fecha, y, *a menos que algo cambie*, el futuro que puedes esperar es más de lo mismo. Jim Carrey no se convierte en un gran golfista solo por sentirse mal o prometer poner todo su empeño, tampoco eso hace que Jack Nicklaus sea un comediante.

Comprometerse a algo nuevamente no hace que una persona incapaz para un puesto se convierta de pronto en la indicada. Las promesas de una persona que siempre falla en una relación son sinónimos de un futuro incierto.

Ahora bien, como veremos más adelante, nada de esto significa que las personas no puedan cambiar o que no lo harán en el futuro. Significa que, hasta este momento, en ellas no existe nada diferente aparte de los deseos de mejorar. Y eso no es un carácter diferente. Si tu automóvil no funciona o no tiene suficiente gasolina para emprender un viaje, incluso si hablase para disculparse o prometer todo su empeño, no podría cambiar la realidad de los problemas del motor o del tamaño limitado del tanque.

Por lo tanto, este es el diagnóstico: *pon atención a la realidad de la persona*. ¿Es capaz de cumplir las demandas reales que le confías? Muchas de las situaciones desesperanzadoras cambian por completo cuando las personas correctas llegan. Las situaciones difíciles en los negocios cambian cuando el líder correcto hace su aparición en esa dura realidad. La pregunta es: ¿en quién confías? La persona que ya se encuentra en el cargo, ¿tiene el carácter, el talento, la experiencia o cualquier cosa que sea necesaria para lograr un futuro mejor? En ocasiones, puedes albergar esperanza en medio de la realidad más difícil e incierta, tan solo con saber que tu esperanza está puesta en la persona correcta. Las cosas pueden estar estancadas, pero si la persona correcta está al mando, todavía puedes albergar esperanza. Eso es lo que los grandes líderes hacen: negociar en los tiempos difíciles. Muchas juntas directivas deben lidiar todo el tiempo con esta pregunta vital: «¿Tenemos que mantener el liderazgo actual aun cuando las cosas no estén marchando bien?».

Durante una sesión de consultoría, trabajé con un grupo de ejecutivos en este tema: en quién confiar y en quién no (ver el siguiente capítulo). Alguien levantó la mano y preguntó:

«Muy bien, entiendo que necesitamos motivos reales y objetivos para seguir adelante. Pero, ¿qué sucede con las personas que de alguna manera tienen ese extraño sexto sentido para ver lo que nadie más puede ver? Nos piden ir en una dirección completamente diferente y sin sentido, sin embargo, están en lo correcto. Usted sabe que hay personas como esas. Salen con una idea que parece descabellada, pero resulta que estaban en lo cierto, y te toca abandonar todo lo que tenía sentido y seguir su dirección. Es irracional, pero correcto, y sucede todo el tiempo. Ven algo que al resto le parece ilógico, pero tienen *razón*. No existe ningún motivo objetivo para creerles, pero tienen razón».

«Excelente pregunta», le respondí. «Esta confirma mi punto. Aunque pareciera que tienen razones "irracionales" para pedirte que dobles hacia la izquierda cuando todos van a la derecha, *puede* ser racional para ti seguir a esas personas. La razón yace en una pregunta: ¿quién es la persona que te pide hacer ese cambio chiflado? ¿Es Steve Jobs quien te asegura: "Podemos hacer algo totalmente opuesto a lo que el resto del mundo hace (podríamos vender canciones a noventa y nueve centavos cada una y ser un negocio de computación que distribuya contenidos)"? A ver alguien debería poner atención. ¿Por qué? Porque sabemos que él es un innovador, una persona que tiene los talentos, el carácter y la experiencia para ver el futuro que otros no pueden ver. Así que cuando él tiene una idea "irracional", escuchamos.

»Pero si una persona con cerebro vacío te dice que hagas algo irracional, probablemente no le prestarás mucha atención. No es irracional, ni en lo más mínimo, escuchar una idea loca de alguien que ha probado tener buen desempeño. *A menudo, es irracional escuchar una buena idea de alguien que a lo largo del tiempo no se ha desempeñado bien.* Puede sonar bien, pero su historial puede decir lo contrario. Si ese es el caso, deberíamos dejar de escuchar sus pensamientos».

En ocasiones, la persona que está a cargo es en quien podemos tener esperanza para el futuro. Reconocemos su capacidad y el solo hecho de saber que está ahí es una realidad objetiva esperanzadora. Sin embargo, en otras situaciones se necesita un cambio, y una persona diferente debe llegar para que podamos albergar esperanzas más que deseos.

CUÁNDO SALIR DE LA DESESPERANZA

En las líneas anteriores he dicho que el pasado es el mejor vaticinador del futuro. Sin embargo, recuerda que eso es válido si nada cambia o *si no existen motivos razonables para tener esperanza*. Uno de esos motivos es contar con la persona idónea en el puesto, alguien en quien podamos confiar para visualizar el futuro y ser relevante. Las cosas cambian con las personas correctas. Por lo que si tienes ese tipo de persona trabajando en el problema, sin importar lo difícil que este sea, quizá no se requiera recurrir a la desesperanza. Mira lo que le sucedió a Apple cuando Steve Jobs regresó al liderazgo. No hubo más desesperanza.

Ahora viene la pregunta más difícil: ¿puedo tener esperanza cuando alguien está fallando en este momento, pero se siente mal y tiene un compromiso renovado para mejorar las cosas? ¿Cuándo puedo confiar en eso? ¿Siempre debemos sacar a alguien cuando no hace bien las cosas? ¿*Siempre* debemos implementar un cambio si existen patrones para el fracaso?

¡No, en lo absoluto! Las personas cambian. Con frecuencia, podemos albergar la esperanza, ya que las personas despiertan, entienden y cambian. Sin embargo, esto no es así siempre. Si depositas tu esperanza en quienes no cambian, puedes desperdiciar más tiempo, incluso años, y aun así no obtener nada en recompensa por la confianza depositada en el lugar incorrecto. Solo obtendrás más sufrimiento y más fracasos. Así que la pregunta es: ¿cuándo puedo depositar mi confianza en una persona y esperar que no se repita su pasado? Una vez más, la respuesta es: considera los motivos razonables para tener esperanza, más allá de un «lo siento» o un «prometo que lo haré mejor esta vez». Necesitas «motivos para creer». Te presento nueve factores que te ayudarán a determinar si el mañana será diferente al presente: participación evidente en algún proceso comprobado de cambio, estructura adicional, sistemas de monitoreo, experiencias y habilidades nuevas, motivación autosostenible, reconocimiento de la necesidad, apoyo, ayuda especializada y una medida de éxito previa o actual.

Participación evidente en algún proceso comprobado de cambio
¿Se involucra la persona en algún proceso de cambio con un compromiso sostenible que puedas verificar? Por ejemplo, si un alcohólico dice que quiere volverse sobrio y lo vemos inscribirse en una institución de rehabilitación, someterse a todo el proceso y, además, después de salir, lo vemos asistir a dos reuniones de Alcohólicos Anónimos al día durante algunos meses, permanecer en contacto con su padrino, asistir a consejería

y cosas por el estilo, entonces tenemos motivos razonables para guardar esperanza.

Si alguien que no se desempeña bien en los negocios se compromete a seguir un proceso de cambio como, por ejemplo, sesiones de orientación u otra actividad verificable, tenemos motivos razonables para dejar atrás la desesperanza. Recientemente, trabajé con la junta directiva de una empresa que estaba en el proceso de seleccionar un nuevo director general. Después de mucha discusión, la junta le ofreció el trabajo a un candidato que carecía de experiencia en un aspecto vital. Sin embargo, el elegido accedió a recibir ayuda de un tutor y consultores externos. La junta directiva tuvo motivos razonables para creer que la persona reconocía sus limitaciones y estaba dispuesta a dar los pasos necesarios para llenar los vacíos de experiencia. Dado que el candidato se comprometió a un proceso de crecimiento, la junta tuvo a bien ofrecerle el empleo y pensar que el futuro sería esperanzador.

Estructura adicional

Por lo general, las personas no cambian sin nuevas estructuras. El proceso de transformación no debería dejarse en las manos de la persona, según su horario y autocontrol. El proceso debe incluir un camino estructurado. Ejemplo de ello son las agendas establecidas en piedra y las prácticas que no dependen de los antojos de la persona; las reuniones continuas con el tutor, el mentor, el grupo de apoyo y el capacitador, y la participación en seminarios.

El cambio se debe estructurar por diferentes motivos; uno de ellos es la manera en la que el cerebro funciona. Los patrones antiguos se refuerzan, a menos que se introduzca una disciplina nueva que los destrone. No se puede creer que las personas que nunca han hecho ejercicio por falta de disciplina de inmediato se pondrán en forma tan solo porque el doctor se los recomienda. Por lo general, para cumplir un programa sostenible, necesitan la estructura que brindan los horarios con un entrenador o una clase. La estructura externa desarrolla los nuevos patrones mentales. Por ejemplo, en la consultoría empresarial siempre requiero horarios establecidos y estructurados para reunirme con un ejecutivo o un equipo de trabajo, en lugar de hacerlo «cuando tengan tiempo o cuando lo necesiten».

Sistemas de monitoreo

¿Cómo sabemos que todo eso sucede? Porque lo vemos y lo medimos. Una compañía formó un subcomité con miembros de la junta directiva que, tal como todos los subcomités, tenía una tarea: desarrollar al director general. Con regularidad, el subcomité monitorea el involucramiento de este en el proceso, así como su progreso. El subcomité reporta los avances a la junta directiva y verifica que el director general cumpla el programa de desarrollo. ¿Por qué se debe monitorear? Eso sirve para fortalecer el proceso de cambio. Existe una razón por la cual los padres supervisan si los hijos cumplen sus tareas escolares. Cuando no hay madurez ni fortalezas, el impulso natural es alejarse de las situaciones difíciles y novedosas. Monitorear siempre es crucial para el éxito.

Experiencias y habilidades nuevas

Las personas no solo cambian debido a la información nueva, sino también por las experiencias nuevas que les enseñan lo necesario para forjar un futuro mejor. Por ejemplo, en la orientación sobre el liderazgo siempre me compenetro en aquellas experiencias que un líder necesita para interiorizar los cambios a implementar. Luego, diseñamos un plan para obtener esas experiencias, el cual puede incluir el desarrollo de habilidades. He pedido a muchos líderes que asistan a talleres, trabajos grupales, retiros, etcétera, pues sé que los cambios necesarios para el éxito no ocurrirán sin esas experiencias. La información y los aportes externos son importantes para hacer cambios, pero las experiencias son igualmente esenciales.

Motivación autosostenible

¿Cómo sabes cuándo tener esperanza en los cambios futuros de una persona? *Pon atención a cuánto esfuerzo has invertido para avanzar el proceso de esa persona.* Ese es uno de los indicadores más poderosos de lo que sucederá.

Cuando las personas desean implementar un cambio, asisten a todas las sesiones y reuniones sin que nadie los obligue. Lo hacen por su propia cuenta. Leen libros; hablan con otras personas que atraviesan un proceso similar; buscan experiencias; escuchan archivos de audio, y piden consejo. En cuanto las ves, te das cuenta de que sienten un fuego interno por crecer. Mientras escribo estas líneas, me encuentro en un balneario y centro de conferencias, ya que por lo general me alejo de todo para escribir un libro. En este lugar se lleva a cabo una convención para personas que forman parte de grupos especializados en ventas por mercadeo directo. En los últimos días, he conocido a muchas de esas personas, e instantáneamente he podido ver su futuro. El fuego que los trae para aprender cómo hacer que su negocio funcione, así como las conversaciones que he escuchado en los restaurantes y pasillos, demuestran la inversión que han hecho. Nadie los ha forzado a venir. Han venido con su propio dinero y han apartado el tiempo. Me encanta ver ese tipo de motivación e impulso. No sé si pasarán todas las demás pruebas que hemos mencionado, pero en lo que respecta a la motivación, puedo detectar esperanza en su futuro.

Si esperas que alguien tenga éxito en el futuro, aun cuando su pasado no es alentador, busca en la persona el hambre de cambiar el mañana. Si tienes que fastidiarlos para hacer que hagan sus tareas, existe la probabilidad de que el día que no lo hagas, también cese el trabajo. Y si el trabajo no es sostenible, los cambios tienen menos posibilidades de ocurrir. Cuando escucho que un alcohólico sobrio ha dejado de asistir a sus reuniones, mi corazón desfallece. Es una señal clara de que la recaída se aproxima. Lo mismo ocurre con los ejecutivos que inician las sesiones de orientación o los programas de desarrollo y luego dicen que están «muy ocupados». No es una buena señal para el futuro.

Reconocimiento de la necesidad
Si se trata de tener la esperanza de que alguien cambie, la persona debe reconocer que, en verdad, *necesita* hacerlo. Debe admitir el problema y reconocerlo como suyo propio.

De igual manera, tiene que reconocer que necesita ayuda y que no puede confiar en sus propios esfuerzos para cambiar las cosas. Recuerda la analogía del automóvil descompuesto: aunque aparente estar en buenas condiciones, el motor está defectuoso y necesita un mecánico. No solo quieres escuchar que la persona te diga: «Tengo un problema y necesito cambiar», sino también: «Necesito ayuda y estoy en busca de ella». Juntas, estas expresiones son esperanzadoras; pero, una sin la otra no brinda esa confianza. Alguien que reconoce un problema y no recibe ayuda, se paraliza. Por otro lado, alguien que recibe ayuda, pero siempre intenta convencer al tutor o consultor de que no tiene problemas, representa una situación igual de desesperanzadora, al menos por el momento. Se necesitan ambas actitudes para lograr el cambio.

Apoyo
En un proceso de cambio, el apoyo es esencial. Las transformaciones ocurren cuando nos rodeamos de personas que respaldan nuestros deseos de cambiar y el crecimiento de nuestra vida personal y profesional. Investigaciones recientes muestran que lo que las personas desean es «contagioso»

para otros, por ejemplo un estilo de vida saludable. Así, si se rodean de personas con sobrepeso, tienen más probabilidades de adquirir sobrepeso; pero si se rodean de personas saludables, también se contagiarán. Sus esfuerzos son apoyados, no frustrados.

Además, quienes se han fijado la meta de lograr un cambio necesitan de otras personas interesadas en el crecimiento, no solo de los agentes de cambio o tutores asignados. Aparte de los profesionales que los ayudan, requieren que sus amigos, familiares y compañeros de trabajo estén a su lado y les infundan ánimo. Esto les transfiere la fuerza para cambiar y evitar la incertidumbre. Necesitamos el impulso de los demás para mantenernos en esa batalla cuesta arriba. Todos los sistemas que son exitosos para lograr cambios incluyen un fuerte componente de apoyo de otras personas.

Por el contrario, el riesgo del fracaso aumenta si alguien desea cambiar pero aún se rodea de personas que obstaculizan el cambio. Por ejemplo, una persona adicta debe deshacerse de los números telefónicos de sus amigos adictos. Alguien con mal desempeño debe evitar a otros con desempeño negativo. Así como nos preocupamos por saber con quiénes salen nuestros hijos, necesitamos preocuparnos por los adultos inmersos en un proceso de cambio. Esta es otra buena razón para podar a los de mal rendimiento en nuestra compañía: no sea que otros se «contagien» con la enfermedad. También es una buena razón para que los líderes se aseguren de que las personas a quienes intentar desarrollar pasen la mayor parte del tiempo con personas que tengan un alto desempeño.

Ayuda especializada

Por lo general, para que exista una esperanza realista para el futuro, alguien del equipo de apoyo debe saber cómo se hacen las cosas. He sido testigo de situaciones en las que una persona que alberga la esperanza de que un ejecutivo o un ser amado cambie, dice: «Todo estará bien. Se reúne con fulano y mengano». Sin embargo, fulano y mengano no aportan mucho, y nada cambia. Pero en otros casos, he escuchado que la persona se reúne con otro fulano y otro mengano y, de inmediato, me siento confiado porque sé que el «segundo fulano» sí es bueno.

Estoy completamente a favor de la consultoría, la tutoría, la ayuda y cosas semejantes entre compañeros. Es esencial para cualquier proceso de cambio. Pero siempre debemos preguntarnos: ¿cuál es el beneficio que aporta la ayuda de los otros compañeros? El simple hecho de que alguien se haya ofrecido para apoyar no significa mucho. Lo que en verdad importa es la experiencia que esa persona aporta cuando se involucra. ¿En qué otras circunstancias ha sido de ayuda? ¿Con qué experiencia cuenta para creer que puede apoyar ahora? ¿Qué sabiduría y conocimiento ofrece?

En ciertos casos, no te será posible encontrar ayuda esperanzadora hasta que acudas a los profesionales. Algunas situaciones requieren ese nivel de ayuda, y, en mi experiencia, es beneficioso preguntarle al profesional en cuántos casos similares ha trabajado. Un ejemplo clásico es un profesional en salud mental que ayuda a un adicto, pero que no tiene la experiencia para tratar ese tipo de adicciones. En esas circunstancias, necesitas a alguien que haya tratado adicciones y conozca todas las técnicas.

La orientación para ejecutivos es igual. Según la situación en la que necesites ayuda, asegúrate de que el consultor tenga experiencia en ella, en el tamaño de la organización o en el nivel ejecutivo o del equipo. Asegúrate de que el consultor esté preparado para tratar contigo o con la persona que quieres apoyar. La idea fundamental no es contratar a alguien con títulos y diplomas, sino con experiencia y conocimiento.

Una medida de éxito previa o actual
El cambio toma tiempo. Uno de los comentarios más comunes que escucho de quienes invierten esfuerzo para que alguien cambie es: «Espero que suceda rápido». En algunos casos, *podemos* esperar cambios gigantescos en corto tiempo, si intervenimos en aspectos específicos del proceso. Por ejemplo, recientemente trabajé con el vicepresidente de una compañía que tenía un terrible historial con sus subalternos. Lo que descubrí es que nadie le había enseñado cómo hablar con las personas en situaciones difíciles. Después de unos cuantos meses de consultoría, experimentó un cambio en algunas relaciones clave. Pero en otros casos, en especial cuando se trata de antiguos problemas de personalidad, el cambio es un proceso. Así que para albergar la esperanza de que las personas experimenten cambios significativos, *debes* tener paciencia.

Eso no significa que debes esperar para siempre. Tiene que existir un avance visible incluso en el inicio del proceso. Nota que no dije que deberías ver todos los «resultados» al principio del mismo. Lo que dije fue «un avance», es decir, un progreso. En otras palabras, debes ser capaz de determinar que *algo* sucede. Incluso, puede parecer que las cosas empeoran, pues algunas personas retroceden antes de seguir avanzando. Pero, al menos, eso es movimiento. Habla con el consultor para que entiendas qué expectativas son las más adecuadas, y luego fíjate si se cumplen. Por lo general, si nada ocurre durante mucho tiempo, es bueno no albergar esperanza. Algo debería suceder a lo largo del camino, aun cuando no sea el resultado final. Buscamos algún tipo de avance, en lugar de un estancamiento permanente.

¿QUÉ SABIDURÍA AÑADES?
Hace unos años, inicié una cadena de clínicas y programas hospitalarios de tratamiento psiquiátrico junto con un socio, el doctor John Townsend. Cuando comenzamos esa iniciativa, éramos doctores jóvenes, y deseábamos aumentar a escala nuestros programas y métodos de tratamiento. Sabíamos que funcionaban y eran efectivos. Nos sentíamos confiados de implementarlos a mayor escala así que comenzamos una compañía.

Todo iba bien con los tratamientos, quizá como lo esperábamos. Pero al poco tiempo de haber comenzado esta empresa en la industria de la salud, estábamos amasando una importante operación de proporciones gigantescas. Ya no éramos dos doctores que recibían y trataban a los pacientes en la clínica. Ahora, hacíamos negociaciones complicadas y contratos importantes con reconocidas empresas dueñas de hospitales. Tuvimos que abandonar el modelo de consulta en pequeño, donde alguien que requería tratamiento solo telefoneaba a la clínica, y adoptamos el sistema profesional de un centro de atención de llamadas que recibía la llamada inicial de petición de ayuda y la llevaba al proceso de utilización del seguro médico y su admisión. Todo era muy diferente a lo que habíamos pensado en un inicio, cuando éramos un par de «chicos» entusiastas y emocionados (yo tenía veintinueve años), con el sueño de ayudar a muchas personas y, en el proceso, construir un negocio sostenible.

A medida que este crecía y se complicaba, comenzó la desaceleración. Al principio, era un negocio más inclinado a la consulta médica que a la industria de la salud a gran escala. Por lo tanto, nuestras habilidades eran suficientes. No pasó mucho tiempo para que nos metiéramos en tareas para las cuales no teníamos experiencia alguna, por ejemplo, procesar la «tarifa por cobertura» y otros asuntos complicados de la administración de seguros de salud. Recuerdo con claridad el momento del «estancamiento». Habíamos llegado a un nivel de crecimiento lo suficientemente amplio para tener una infraestructura de peso, pero el negocio no había construido una masa crítica lo suficientemente rápido para desarrollar todo su potencial. Los costos de la infraestructura ejercían más presión, sin producir las ganancias necesarias para sostener el negocio a largo plazo. En cuanto a las curvas de crecimiento, necesitábamos incrementar el conocimiento que como socios teníamos, tanto a nuestro nivel como con los demás socios.

Hubo momentos en que perdí la esperanza de que nuestra visión empresarial inicial se pudiera cumplir. El consumo de capital en la infraestructura era tan espantoso que llamaba mi atención. Las pérdidas eran suficientes como para llevarnos al momento de la poda. Requeríamos cambiar de enfoque o tener una razón para albergar la esperanza y no un simple deseo.

El momento llegó cuando decidimos incorporar a especialistas en operaciones en servicios de salud. Contratamos a un consultor, con años de experiencia en cadenas de clínicas de tratamiento, para que hiciera una auditoría de todas nuestras operaciones y nos diera sugerencias. La auditoría tardó un mes, y lo que él concluyó fue: «Chicos, necesitan contratar a alguien como yo». En otras palabras, debíamos adquirir la experiencia de la que carecíamos. Nos mostró que nuestro énfasis en el área clínica dejaba de lado muchas operaciones en el aspecto administrativo. Requeríamos que un especialista nos aportara la sabiduría que no poseíamos.

Así que eso hicimos. Sin embargo, no contratamos a alguien como él. Lo contratamos a *él*. Se sorprendió de nuestra oferta, pero lo convencimos de que la aceptara. Proseguimos con ese cambio y contratamos a más profesionales de servicios de salud, quienes trajeron el conocimiento que nos faltaba; así conformamos el equipo correcto. Para decirlo en palabras de Jim Collins, por fin sentamos a las personas correctas en los asientos correctos del autobús. Desde la administración de servicios y el mercadeo hasta las finanzas y las relaciones con los medios de comunicación, comenzamos a obtener la sabiduría necesaria y a construir una organización con un conocimiento más profundo que antes no poseía.

Poco después, el cuadro completo empezó a tomar forma. Todo lo que habíamos construido con nuestra experiencia y nuestras habilidades (la masa crítica de contactos, proveedores, participación de mercado, reputación por la calidad del tratamiento y los excelentes doctores y psicólogos de nuestro equipo) comenzó a encajar y a funcionar de manera exitosa, pues adquirimos la experiencia que nos hacía falta. En los siguientes años, experimentamos gran crecimiento y jugosas ganancias y, a la vez, obtuvimos el éxito en nuestra misión principal de ayudar a muchísimas personas en más de cuarenta mercados ubicados en el occidente de los Estados Unidos. En verdad, había esperanza, pero no podíamos verla en aquel entonces.

Pero, ¿por qué? ¿Por qué había esperanza en lugar de un simple deseo? La razón por la cual nuestra estancada empresa pudo ponerse en marcha fue el resultado de una ley de la física: la entropía o incertidumbre se incrementa o las cosas empeoran con el paso del tiempo, si se encuentran en un *sistema cerrado*. Sin embargo, si abres el sistema y traes una nueva fuente de energía o una estructura basada en la *verdad* que dirija esa energía, las cosas pueden cambiar. La incertidumbre se puede revertir. Eso es lo que sucedió: *hubo una nueva verdad que canalizó la energía que le inyectábamos a la compañía*. La sabiduría de los especialistas en servicios de salud nos brindó dirección y estructura y nos mostró el camino. Todo cambió de rumbo y mejoró. Trajeron lo que no poseíamos.

La lección es la siguiente: puedes albergar esperanza objetiva si traes nuevo conocimiento, sabiduría y practicidad a la situación. Es obvio que si las cosas no funcionan, necesitas una segunda opinión, nuevas ideas o algún conocimiento que te haga falta. Sin eso, solo tienes un simple deseo. Pero si de verdad estás agregando nuevo conocimiento para solucionar una situación desesperanzadora, puedes tener buenas razones para albergar una esperanza objetiva y realista.

¿DÓNDE ESTÁ LA ENERGÍA PARA EL CAMBIO?
Si te encuentras en una situación en la que ya no deseas el desempeño que hasta el momento has visto, pero no sabes si albergar esperanza o no, el tercer elemento que te ayudará a hacer un diagnóstico es este: *¿de dónde vendrá la energía para el cambio?*

Si tienes energía pero no sabiduría, terminarás estancado y desperdiciarás la energía. De igual forma, el plan o la inteligencia sin energía no avanzan en lo más mínimo. Aun los planes más sofisticados terminan por estancarse sin el entusiasmo que los impulse.

Así que la pregunta relevante en relación a la esperanza es: ¿de dónde vendrá la energía para hacer los cambios? He sido testigo de muchas situaciones en las cuales existían buenas razones para tener esperanza, pues había mucha sabiduría, inteligencia y planificación, pero se ignoraba el entusiasmo o simplemente no lo tenían. Si has decidido entrar en el proceso de cambio, necesitas nuevas infusiones de energía.

Tienes que ser capaz de responderte: ¿quién impulsará el cambio? En general, este no ocurre a menos que exista alguien dedicado a implementarlo. Así que para tener esperanza y no solo un deseo, te debes hacer esa pregunta y aceptar la tarea.

Si alguien se ha encargado en forma parcial del proyecto de cambio, podría enfocarse al cien por ciento. También puede ser que más personas se tengan que involucrar en el proceso o que sea necesario incluir consultores externos para que aporten nueva energía; quizá sea necesario conformar un equipo dedicado a la tarea, como el comité que mencioné cuya misión era desarrollar al líder. Esa es la energía dedicada al cambio.

A las organizaciones les sugiero conformar «coaliciones poderosas» de influencia dentro de la compañía. Esas personas se apropiarán del cambio y lo impulsarán. Puedes implementar esto con estructuras formales e informales, equipos principales o equipos operacionales. La pregunta siempre es: ¿de dónde vendrá la fuerza?

Asimismo, estas preguntas son válidas en aquellos aspectos personales. Una pregunta común entre las mujeres que desean que sus esposos crezcan es: «¿Cómo hago para que mi esposo lea libros o se interese en su crecimiento personal?». Esas mujeres pueden haber experimentado crecimiento por sí mismas, y por eso lo desean para su pareja y su matrimonio.

A menudo, la respuesta *no* consiste en dejar sobre la mesa de centro el libro *Cómo tener un matrimonio íntimo*, para que el esposo lo lea en la comodidad del sofá mientras mira el canal de ESPN. En lugar de eso, a las mujeres les sugiero que dejen de intentar ser la fuente de energía y se aseguren de que sus esposos reciban la influencia de otras fuentes que les brinden crecimiento y abran el «sistema», es decir, la influencia de otros hombres. La mejor manera como las esposas pueden lograrlo es hacer que los esposos se involucren en grupos pequeños de matrimonios, donde puede interactuar con otros hombres que hablen de sus asuntos y del crecimiento. Dicha estrategia tendrá mayores oportunidades de brindar energía que aquella en la que se espera que el esposo sea su propia bujía de arranque. Ese grupo externo se puede convertir en una «coalición poderosa» para el cambio, una nueva fuente de energía.

Ya sea que estés lidiando con individuos, compañías, proyectos o estrategias específicas, si no tienes energías nuevas, probablemente obtendrás más de lo mismo. Así que, si piensas albergar esperanza, pregúntate de dónde vendrá la frescura. Otra interrogante que deberías considerar es: ¿cuál será la estructura de la energía?

No puedes infundir «energía» a un problema sin pensar en la «dosis» correcta. La infusión de energía tiene una estructura provista por una fórmula que incluye la cantidad de energía que se necesita así como los intervalos de tiempo en los que se debe administrar. Piensa en tu cuerpo. Necesitas energía para que funcione, y esta básicamente proviene del alimento. Después de ciertos intervalos de tiempo, tu cuerpo debe recibir una cantidad necesaria de combustible relacionada con tu metabolismo. No funcionarás si recibes muy poco alimento después de largos períodos de tiempo. El alimento en exceso ingerido en intervalos muy cortos lleva a la gordura. La clave es llegar al balance correcto entre la cantidad y el tiempo: la cantidad correcta de calorías y los grupos correctos de alimentos ingeridos en los intervalos precisos. Si aplicas este principio a los cambios que quieres implementar, debes responder las siguientes interrogantes: ¿cuál es la cantidad correcta para cada dosis? Y ¿cuáles son los intervalos correctos para la infusión de energía? Necesitas suficiente para mantener el cambio en acción hasta que llegue el tiempo de recibir más energía, pero no de una manera tan excesiva que todas las personas se sientan llenas hasta reventar y necesiten tomar una siesta.

Por ejemplo, trabajé con un departamento altamente eficiente en una empresa cuyo líder tenía la fama de infundir confianza y mantener a su tropa en movimiento continuo. Lograba esto gracias a una reunión de quince minutos, todas las mañanas, en la cual definía la visión, proporcionaba información, relataba historias de éxito y presentaba la estrategia; de esta manera, infundía la dosis de energía que mantenía todo en movimiento. Utilizaba esas reuniones cortas para asegurarse de que todos en el equipo estuvieran alineados con la meta, para resolver problemas en etapas tempranas y para brindar un espacio a su equipo para hablar sobre el conocimiento adquirido y las lecciones de progreso. Esa infusión de energía diaria mantenía al equipo y a los procesos en movimiento. Vale la pena notar que dichas reuniones duraban poco y no requerían preparación, por lo que no representaban una distracción para la tarea del cambio; por el contrario, se convertían en momentos para determinar el progreso deseado y hasta para celebrar aquellos logros que les permitían avanzar en la dirección correcta.

En un ámbito totalmente diferente, la necesidad de organizar la energía es la razón por la cual los adictos en recuperación deben asistir a noventa reuniones en noventa días. El punto es fortalecer su carácter y hacerles avanzar con mucha energía en la autopista de la esperanza que los llevará al cambio. De la misma manera, los equipos de fútbol entrenan dos veces al día para implementar cambios justo antes de la temporada. En mi trabajo como consultor de liderazgo, la estructura de tiempo e infusión de energía varía, dependiendo de lo que intento lograr y con quién estoy lidiando. El proceso puede ir desde reuniones cara a cara cada trimestre, con una llamada telefónica al mes, hasta reuniones mensuales de medio día o de día completo o retiros con los equipos de trabajo o el personal clave cada tres meses. No existe la fórmula «correcta», aparte de la que mantiene las cosas en movimiento, con las infusiones correctas de energía que nos llevan al cambio. En un hospital, hay personas que reciben goteos intravenosos constantes y otras que solo toman píldoras una vez al día. Algunos, incluso, pueden recibir su tratamiento en consulta externa.

Uno de los mejores practicantes de este enfoque es Bill Hybels, el pastor fundador de una de las iglesias más grandes de los Estados Unidos, que también forma parte de uno de los movimientos de liderazgo religioso más fuertes a escala mundial: la Cumbre del Liderazgo. Esta atrae a diversas personalidades, desde ex presidentes hasta titanes del mundo empresarial. Bill se guía por un método que denomina seis por seis, es decir, el parámetro para identificar seis cosas a las que debe «dedicar energía durante las siguientes seis semanas». Estas seis cosas pueden ser proyectos, iniciativas, tareas, personas o cualquier cosa que trate de impulsar. Bill mantiene esa lista justo frente a sus ojos en unas tarjetas de tres por cinco pulgadas, y estructura su tiempo y energía en torno a ellas. «Por un espacio de seis semanas, inyéctales energía a las seis prioridades más importantes». Esta simple manera de estructurar la energía probablemente sea la razón por la cual él y su equipo han logrado tanto durante estos años.

Así que la cantidad y el tiempo pueden variar: reuniones semanales, retiros trimestrales, repasos diarios, todo con agendas diferentes y dependiendo de lo que tú quieras cambiar. El punto es crear una estructura que te permita combinar la cantidad correcta de energía y el intervalo de tiempo preciso. *Necesitas una dosis de energía suficiente para que esta sea eficaz, y necesitas el intervalo de tiempo correcto para que los resultados no se pierdan antes de recibir la siguiente carga de energía.*

Lo mismo ocurre al aplicar el principio a tu vida personal. Si tienes un terapeuta, reúnete con él con suficiente periodicidad y suficiente estructura para mantener la energía para el cambio. Si intentas ponerte en forma, asegúrate de contar con el ánimo y la compañía de otros, o contrata a un entrenador que te brinde la carga de energía en los tiempos correctos para lograr el cambio. Si intentas perder peso, es probable que necesites un programa estructurado para que puedas albergar la esperanza en un aspecto en el que antes no la tenías. Esa es la razón por la cual grupos como *Weight Watchers* (Vigilantes del Peso) se reúnen de manera frecuente para mantener el torrente de energía exterior fluyendo hacia los participantes. Recuerda, si intentas cambiar aspectos personales en los que nunca antes has tenido la esperanza de cambiar, es absolutamente esencial que recibas energía externa en intervalos de tiempo correctos y frecuentes, bajo una estructura.

LA ESPERANZA QUE NO DESALIENTA

Uno de mis proverbios favorito es este: «La esperanza frustrada aflige al corazón; el deseo cumplido es un árbol de vida» (Proverbios 13:12). Existen pocas aflicciones de corazón tan difíciles como la esperanza frustrada. Las compañías y los individuos se enferman y se paralizan cuando se mantienen esperando algo que nunca sucede.

En este capítulo hemos examinado algunas preguntas de diagnóstico que puedes responder por ti mismo o junto a tu equipo de trabajo u organización para determinar cuándo albergar la esperanza y cuándo abrazar la desesperanza. Los cambios necesarios deberían aparecer cuando existe una desesperanza real, es decir, una razón realista para pensar que algo se necesita podar. Como hemos visto, ese momento es uno de los mejores que puedes vivir, pues será el que impulse el cambio.

Sin embargo, muchas veces, las personas se rinden e implementan un «cambio innecesario», con la idea de que algo es inútil cuando en verdad *no* es así. Necesitan que su esperanza se fundamente en motivos realistas para creer, motivos como contar con personas que sean capaces de alcanzar metas, adquirir conocimiento nuevo sobre el camino a seguir y tener suficiente energía para producir cambios. Para descubrir si algún esfuerzo es inútil o no, deberíamos considerar estos aspectos para llegar al diagnóstico correcto.

Pero, ¿y si te preguntas si deberías implementar un cambio con *alguien* en particular o no? Ya sea en tu vida personal o en tu negocio, ¿cómo puedes saber si debes mantener la esperanza con alguien específico? En las líneas anteriores vimos el camino al cambio, sin embargo, ¿cómo puedes saber si deberías iniciar el recorrido o no? ¿Cómo sabes cuándo debes seguir esperanzado en alguien, cuándo rendirte y cuándo ejecutar un cambio necesario? De esto hablaremos en el siguiente capítulo.

Capítulo 7

El sabio, el tonto y el malvado: Identifica a las personas que merecen tu confianza

El momento en que llegas a la desesperación puede ser uno de los mejores para tu futuro. De inmediato, renunciar a la esperanza de que algo cambiará cuando no lo hará te libera del estancamiento y te brinda energía. Puede otorgarle vida al suplicio de la esperanza incumplida.

Como hemos visto, las decisiones que involucran a las *personas* pueden estar entre las más difíciles de tomar. Hemos hablado de llegar al momento de la desesperación con ciertas personas, y de cómo diseñar un proceso de cambio que pueda ser eficaz.

Pero, ¿cómo sabes si vale la pena iniciar el proceso de cambio con una persona? ¿Cómo sabes si eso ayudará? ¿No te has hecho estas preguntas?: «¿Cambiará? ¿Mejorará? ¿Debería seguir trabajando con él y pensar que mejorará? ¿Servirán mis esfuerzos de algo para lograr cambiarlo?».

En el ámbito personal, ¿cómo sabes cuándo deberías invertir tus esfuerzos en una persona para hacer que las cosas mejoren?, y ¿cuándo deberías decirle que ya no quieres hablar del tema? ¿Con quién lo intentas y a quién le dices que «ya no hablarás más»? Esta es una pregunta que, de responderse de manera apropiada, puede ahorrarte tiempo y librarte del dolor.

Ese es el tema de este capítulo: cómo hacer el diagnóstico para saber si lidiar con un asunto brindará resultados o no.

Si eres una persona amorosa y responsable, *podrías pensar que los demás también lo son.* Hacen las cosas de manera correcta y asumen la responsabilidad de sus propias vidas, sus errores y su trabajo. Se preocupan por las otras personas y cómo sus acciones las afectan. Eso haces, ¿verdad? Claro que sí, te preocupa cómo tus actos afectan a los demás. Por lo tanto, ¿no tendría sentido que los demás sean como tú y se preocupen en verdad? Seguro, si vivieras en Marte.

Pero este es el planeta Tierra, y si piensas triunfar en la vida y los negocios, tendrás que hacerlo en este planeta, no en Marte. La verdad es que no todas las personas en el planeta Tierra son como tú. No todos asumen la responsabilidad de sus vidas ni piensan cómo sus acciones afectan a los demás o a una misión. Además, algunos son peores que eso, y, de hecho, el propósito de algunas personas es hacerte daño.

Si no aceptas esta realidad, desperdiciarás tiempo, dinero, energía, amor, recursos, sentimientos y todas las demás cosas importantes para ti en personas que pueden destruirlos o derrocharlos. Por esta razón, este capítulo puede ser el más importante que leas. Es esencial que entiendas que no todas la personas estarán abiertas, ni siquiera deseosas, a experimentar los cambios que intentas realizar.

Entonces, ¿cómo sabemos si alguien merece o no que sigamos invirtiendo nuestro tiempo, energía y recursos? ¿Cómo sabemos si es necesario realizar cambios respecto a una persona?

Ya que no tenemos una bola de cristal, cualquiera de nosotros puede recibir sorpresas. He visto personas con «un carácter bueno y sólido como una roca», o al menos eso es lo que todos pensaban, irse a pique y destruir vidas (aunque hubo señales que nadie notó). Y también he visto personas con vidas desastrosas que se han convertido en estrellas brillantes. Así que no podría asegurarte que puedes tener la certeza de lo que una persona hará, pero...

Aunque los pronósticos meteorológicos que se hacen a través de información satelital no siempre son certeros, sí lo son la mayor parte del tiempo. Pueden ver lo que aparece en el horizonte y se avecina hacia nosotros, aunque algo podría cambiar. Esta es la buena noticia: *existe un satélite meteorológico para las personas, el cual te ayudará a acertar con los pronósticos la mayor parte del tiempo.* Si aprendes a utilizar ese satélite, ahorrarás tiempo, energía, dinero y te evitarás un sufrimiento indescriptible, entre otras cosas.

El satélite que te dará los pronósticos más certeros es la habilidad de diagnosticar el carácter. Cuando aprendas cuáles son los aspectos del carácter que brindan razones reales para esperar que el futuro sea distinto, sabrás a quién debes llevar a bordo en tu viaje hacia el mañana. De hecho, sabrás que existe una verdadera razón para seguir adelante.

De la misma forma, cuando aprendas a distinguir los aspectos del carácter que no brindan una razón para albergar la esperanza y que, de hecho, deberían llevarte a la desesperanza, sabrás a quién *no* invitar a bordo, a menos que algo cambie. Tal como veremos, que el cambio ocurra o no probablemente depende de lo que tú hagas, más de lo que te das cuenta. Tienes más influencia para hacer cambios de la que te imaginas, pero la clave es saber qué hacer con los diferentes tipos de personas.

En este capítulo, aprenderás una manera sencilla de identificar los aspectos del carácter que te permitirán albergar esperanza o no hacerlo. También aprenderás lo que hay que hacer con cada tipo de persona. Los diferentes tipos requieren diferentes estrategias.

LOS TRES TIPOS DE PERSONAS

Como profesional, detesto los sistemas simplistas, populares y cursis que las personas utilizan para etiquetar a los demás. El comportamiento humano es mucho más complejo que eso, y cuando escucho esas etiquetas que se adjudican por doquier, algo dentro de mí desea rebelarse y probar que esos sistemas están equivocados. Pero aquí voy, haré algo similar. No obstante, debo agregar que esta manera de ver a las personas se fundamenta en abundante información clínica, investigaciones científicas y la experiencia de muchas personas. Prácticamente, todos los grupos de científicos que han estudiado el comportamiento humano han descrito estas tres categorías. La prestigiosa literatura de todos los tiempos también las describe, y puedo apostar que también las has visto en tu experiencia con las personas. Pasarán la prueba olfativa, te lo aseguro. Aquí vamos.

En esencia, existen tres tipos de personas en el mundo, o mejor aun, tres tipos de comportamiento que una persona puede mostrar en un momento o contexto en particular. Hay muchas formas de describir estos tres tipos, y el que escojas dependerá de si eres un psiquiatra, un empleador, un cónyuge, un amante o un juez. Todos utilizan palabras diferentes, pero los mismos tres tipos de categorías emergen del comportamiento humano. En lo personal, me gusta la manera en que la antigua literatura de la sabiduría los expone:

1. Personas sabias
2. Personas tontas
3. Personas malvadas

Estas son las tres categorías del comportamiento que podrás encontrar en casi cualquier situación que involucre a personas. Ahora, aquí tienes el truco: lo que mantiene e impulsa a estos tres tipos de persona o comportamiento es muy distinto. Como resultado, las estrategias para cambiarlos también son diferentes. Por lo tanto, debes darte cuenta de esto:

No puedes lidiar con todos de la misma manera.

Se necesitan estrategias distintas para las diferentes personas y categorías. Por ejemplo, si tratas de lidiar con una persona torpe de la misma manera como lo haces con una sabia, la primera te volverá loco y desperdiciarás tu tiempo, tus recursos y tu corazón. Si lidias con una persona malvada, podrías perder tu negocio o tu vida. Así que es esencial que sepas de inmediato con quién estás tratando y que tomes las posturas apropiadas que asegurarán que realices cambios necesarios.

Entiendo si la rigidez de estas categorías te pone los pelos de punta. No quiero que sea de esa manera tampoco, puesto que en la realidad estas categorías no están así de diferenciadas. La verdad es que la mayoría de nosotros tiene algo de estas tres categorías. Podemos ser sabios en alguna situación, contexto o problema y no tanto en otros casos. La realidad es que cuando ves estos comportamientos en las personas con quienes estás lidiando, tienes que actuar de acuerdo a la situación y no preocuparte por las categorías. No se supone que estas etiquetas sean rígidas, pero sí instrumentos útiles para identificar patrones de comportamiento particulares de aquellas personas sobre las cuales debes tomar decisiones difíciles.

Esto me trae de regreso al tipo de persona que eres. Tu problema puede ser que tratas a los demás de la misma manera como te funciona. En otras palabras, si eres una persona responsable y amorosa, cuando surge un problema con tu desempeño o cuando una persona tiene un conflicto contigo, deseas que alguien se te acerque y te lo informe. Quieres que las personas te digan si hay algo que puedas hacer para mejorar o si de algún modo las estás dañando.

Y cuando hacen eso, ¿qué haces? Escuchas, te sientes mal por tu desempeño o por la manera en que tratas a los otros y asumes la responsabilidad por tus actos, resultados y comportamiento. Te analizas, escuchas sus aportes y cambias. En consecuencia, se construye confianza, se fortalecen las relaciones y esa experiencia te mejora. Por lo tanto, aprecias los aportes y los consideras como la forma de lidiar con las personas.

Ese es el problema, porque eso funciona para ti, eso es lo que normalmente haces con los demás cuando un problema surge o cuando las cosas no marchan como te gustaría. Enfrentas el problema, y cuando te pones en los zapatos de los demás, esperas que tengan tu misma actitud: que se hagan cargo de las cosas y cambien. Es un plan grandioso, y puedes esperar que todos lo sigan, en Marte. Pero en la Tierra no siempre funciona, y precisamente esta es la razón por la cual no puedes lidiar con todos de la misma manera. No todas las personas son como tú. Lo que a ti te funciona podría fallarles a los demás, y resulta imperativo que identifiques a qué tipo de persona intentas ayudar a cambiar. De lo contrario, creerás que todas esas personas son responsables y que reaccionarán ante tu retroalimentación. *Y quienes no lo hagan te causarán más y más problemas cada vez que les brindes retroalimentación para que cambien.* Con ellos, necesitas una estrategia diferente. Revisemos ahora los tres tipos de personas para que sepas qué hacer con cada uno.

PERSONAS SABIAS

El presidente de la junta directiva de una empresa, a la cual le estaba dando una consultoría, me pidió lo acompañara a un almuerzo con el director general de su organización. Para lograr entender lo que sucedía, me reuní previamente con el presidente, quien me comentó su preocupación por el nuevo líder. Me dijo que lo habían seleccionado por las fortalezas en su desempeño organizacional, tan necesarias en la industria en ese entonces. Ese era el momento para organizar el caos, establecer nuevas estructuras y corregir el rumbo. El director general era perfecto para ese cargo.

Sin embargo, el presidente me dijo que le preocupaba que el director general no parecía un hombre visionario, y que, en algún momento, un liderazgo visionario sería importante. Algún día, la crisis organizacional se acabaría, y la empresa necesitaría a alguien que le otorgara una visión a largo plazo y fuera capaz de hacer que todos la siguieran. No creía que el nuevo líder fuera capaz de eso. De hecho, recientemente había visto que el director había manejado mal algunos problemas y que había perdido algunas oportunidades para comunicar internamente los valores, las estrategias, los lineamientos y cosas por el estilo. Al presidente le preocupaba que el director funcionaba muy bien pero que no lideraba de la forma en la que se necesitaba a largo plazo. Así que escribimos una lista de asuntos sobre los cuales conversar con él durante el almuerzo.

El desafío que el presidente enfrentaba era que aún sufría las consecuencias de haber lidiado con el director general anterior, con quien había sido difícil trabajar, en particular cuando se trataba de recibir retroalimentación por su desempeño. Como resultado de esa experiencia, el presidente sentía ansiedad por asistir al almuerzo y temía encontrar la misma actitud defensiva y de negación. Deseaba que yo lo acompañara para guiar la conversación, servir como facilitador o una voz adicional de ser necesaria y, probablemente, ofrecerle apoyo moral en lo que prometía ser una conversación desa-gradable. Expresarle al nuevo director general la preocupación de que no actuaba como un líder representaba un camino lleno de minas explosivas.

Eso depende de con quién estés tratando.

Al iniciar la plática, el presidente dijo que le complacía tener la oportunidad de hablar con él en un ambiente informal, sin la junta directiva, puesto que tenía que decir algunas cosas que podían ser difíciles de escuchar. Agregó que quería hablar de ello antes de que pasara al nivel en el que la junta tuviera que involucrarse. En ese momento, la conversación serviría solamente para brindar retroalimentación de manera informal a fin de escuchar las ideas del director general en relación a ciertos asuntos.

Resultaba evidente que el director podía percibir que esa no sería una conversación agradable. El tono de la conversación se tornó serio, aunque no contencioso. Sin embargo, el ambiente se había establecido con claridad: estamos aquí para hablar de asuntos importantes y no todos son necesariamente buenos. La comida venía en camino y deseé que el presidente hubiera pospuesto sus palabras de apertura al menos hasta después de haber disfrutado mi almuerzo.

Luego, en un momento incómodo, el presidente enumeró aquellas instancias en las cuales, según su opinión, el director no actuaba como un «líder» sino como un gerente. Dijo que si pensaba ser el director general, tenía que hacer las cosas de manera diferente. Si yo no hubiera tenido acceso a la lista que el presidente había preparado, hubiera pensado que lo estaba despidiendo. Me preparé para la respuesta, y me puse en los zapatos del director al pensar que esa retroalimentación no era música para sus oídos. («*¿Dónde está mi comida?*», pensé. «*Esto podría terminar mal*».)

Lo que sucedió después hizo que se me llenaran los ojos de lágrimas, en sentido literal. El director levantó la vista, asintió lentamente con la cabeza y dijo: «Me acabas de dar una lista fabulosa de aquello que debo aprender para ser un buen director general. Definitivamente, todas esas cosas son mis oportunidades para crecer. Me gustaría mejorar en esos aspectos. ¿Podrían ayudarme?».

No sé cómo describirla con exactitud, pero dentro de mí brotaba una reacción que no era empresarial, sino humana. Mi corazón era testigo y mis ojos podían ver algo bueno y puro en lo mejor de las personas. El director general había escuchado retroalimentación franca sobre sí mismo y sobre lo que debía mejorar. Lo había entendido y deseaba esforzarse para crecer. También, creo que me sentí conmovido porque noté una de las virtudes de las que hemos hablado: la esperanza. La vi emerger frente a mis ojos. Hay esperanza para las personas que son receptivas a la retroalimentación y que asumen la responsabilidad de crecer. A ese hombre le iría bien. Aprendería y crecería. Supe que tanto él como la empresa que lideraba tenían esperanza y que, a futuro, experimentarían cosas buenas.

Posteriormente, hablamos sobre cómo el presidente y yo, además de la capacitación para el liderazgo, podríamos ayudarlo. Diseñamos una estructura para su desarrollo profesional a implementarse en el siguiente año. El director se dedicó a ello, y descubrimos que en verdad poseía los dones y las habilidades que el presidente solicitaba pero que nunca los había visto antes, y solo se necesitaba un poco de entrenamiento. El director dio un paso adelante y lo hizo bien. Ahora, años después, prospera en su labor. ¿Por qué? Porque *es sabio*. Las personas sabias aprenden de las experiencias y hacen ajustes.

La sabiduría tiene muchos significados. Si revisas las maneras en que la filosofía, la religión y las ciencias del comportamiento describen a la sabiduría, descubrirás que todas la definen como la combinación del conocimiento, el entendimiento, los aportes y el discernimiento de tal forma que una persona sabe lo que es bueno y lo que debe hacer. En ocasiones, esta simple definición puede hacernos pensar que una persona sabia es aquella persona sagaz que lo conoce todo. Sin embargo, otro componente importante de la sabiduría pone a los demás en perspectiva: *la experiencia*. La sabiduría viene por la experiencia, ya sea personal o ajena, y para que la experiencia funcione, el individuo tiene que estar dispuesto a recibir las lecciones que esta quiera darle.

Es por eso que supe que el director general haría bien las cosas. A largo plazo, la persona que hace bien las cosas es *la que puede aprender de su propia experiencia o la de otros, interiorizar ese aprendizaje y, luego, dar resul-*

tados sobre la base de esa experiencia. Para lograrlo, se necesita estar abierto a la retroalimentación. El director general estaba haciendo precisamente eso. Escuchaba retroalimentación sobre su propia experiencia, desempeño y lo que carecía, y estaba deduciendo aportes de la experiencia de su avezado presidente y de un consultor. Como resultado, el director general mejoraría al descubrir lo que necesitaba hacer. Utilizaría sus fortalezas y dones naturales para implementar lo que escuchaba, y lo haría bien. Logró hacerlo porque tuvo la sabiduría de escuchar la retroalimentación y aprender de la experiencia de otros.

Esto nos presenta la clave para identificar a la persona sabia:

Cuando la verdad aparece, la persona sabia ve la luz, la asimila y hace ajustes.

Has escuchado cuando las personas dicen que «vieron la luz». La sabiduría es el vehículo por el cual las personas llegan a estar dispuestas a escuchar la verdad. Así, cuando esta aparece, las personas escuchan y realizan los cambios necesarios para alinearse con esa verdad. Algunas personas reciben la retroalimentación, la corrección y el entrenamiento de una buena forma. Cuando les dices algo acertado sobre su desempeño, prestan atención. Responden de manera positiva y lo aplican. No se resisten ni pelean contigo ya que, al contrario, ven la retroalimentación como un regalo.

¿El resultado? Aprenden y mejoran gracias a la retroalimentación. Las personas sabias siempre crecerán y serán mejores. Por lo tanto, al tratar con una de ellas, tendrás una razón de peso para tener esperanza. Si algo está mal, pueden aprender. No se resisten a la verdad, a la cual necesitan alinearse. Como solemos decir: «Se toman las cosas en serio», no a la defensiva.

Ahora, aquí hay algo muy importante que debemos entender: cuando digo *sabios* no me refiero a los más inteligentes, los más brillantes, los más talentosos, los más habilidosos, los más carismáticos o encantadores. Aunque la sabiduría puede coexistir con todos esos atributos, no tiene nada que ver con ellos. Es muy posible, como veremos pronto, tener tontos brillantes y encantadores a tu alrededor, y que tú y los demás hayan sido engañados precisamente por su inteligencia y talento. Esto lo veremos más adelante.

Pero, por ahora, necesitas ver que para identificar a los sabios debes prestar atención a una sola cosa: *la habilidad de la persona para aceptar la retroalimentación y hacer ajustes*. Siempre habrá esperanza con aquellas personas que aceptan la retroalimentación, si poseen los dones y las habilidades que necesitas en tu contexto.

La persona madura cumple las demandas de la vida, mientras que la persona inmadura exige que la vida cumpla sus demandas. Puedes ver cómo la sabiduría encaja con la madurez cuando la persona sabia asimila la verdad y se ajusta a cualquier cambio que la verdad le exija. Pero sin esa habilidad, la persona no puede cumplir la demanda y, pese a la retroalimentación, no cambiará, a menos que sea sabia. Por eso el proverbio dice: «Instruye al sabio, y se hará más sabio». La retroalimentación *ayuda* a los sabios. Ellos la aprecian.

Características de las personas sabias
Aquí tenemos algunas características de los sabios:

- Cuando les brindas retroalimentación, escuchan, la asimilan y ajustan su conducta de acuerdo a ella.
- Cuando les brindas retroalimentación, la reciben de manera positiva. Dicen cosas como: «Gracias por decirme eso. Me ayuda a ver que me encuentro de esa forma. No lo sabía». O pueden decir: «Gracias por preocuparte lo suficiente como para mostrarme esto. Necesitaba escucharlo». De algún modo, aprecian la retroalimentación y ven su valor, aunque sea difícil de escuchar. También pueden decir: «Esto es algo difícil de escuchar, pero es bueno. Me ayudará aunque duela».
- Se hacen cargo de su desempeño, problemas y asuntos, y asumen la responsabilidad de todo ello sin poner excusas o culpar a alguien más.
- Tu relación con ellos se fortalece gracias a la retroalimentación. Te lo agradecen, y te ven como alguien que se interesa por ellos lo suficiente como para sostener una conversación difícil. Te consideran alguien que les ayuda a mejorar.
- Muestran empatía y expresan su preocupación por los resultados de su conducta en los demás. Si les dices que algo que ellos hacen te afecta, puedes ver que les importa por la manera en que responden. «¡Ah!, no me había dado cuenta de que te afectaba de esa

manera. Nunca quise hacerlo. Lo siento». También, se preocupan por la manera en que su desempeño afecta al equipo y a la empresa. «Siento mucho decepcionarlos. Deseo mejorar». Igualmente, pueden decir: «No permitiré que se repita».
- Muestran arrepentimiento. Percibes su preocupación genuina por el problema, cualquiera que este sea, y que en verdad quieren hacer las cosas de la mejor manera.
- Responden a la retroalimentación con la actitud de resolver los problemas de cara al futuro. «Entiendo esto. ¿Cómo puedo mejorar para que nos vaya mejor?».
- No permiten que los problemas señalados se conviertan en patrones. Cambian, se ajustan y los solucionan. Esto no quiere decir que el cambio sea instantáneo. No todas las soluciones ocurren sin resbalones, sin embargo, cada vez más nos acercamos a la meta. Es por eso que los cirujanos empiezan a capacitarse con cadáveres. Así, escuchan y aprenden, y, con el tiempo, son capaces de operar a pacientes vivos. De la misma manera, las personas sabias enfrentan sus errores. Puedes ver un cambio en sus actitudes y comportamientos, en lugar de patrones que no cambian con la retroalimentación.

Estrategias para tratar con personas sabias
He dicho que el momento de la poda llega cuando nos pasamos al buen estado de la desesperanza, en el que nos damos cuenta de que más tiempo no sirve de nada. Un cambio es necesario porque más tiempo no hará que el capullo bueno se convierta en el mejor, o que el capullo enfermo se mejore o que el capullo muerto vuelva a la vida. Pero, ¿qué relación hay entre la desesperanza y saber si estás tratando con una persona sabia?

Te ayuda a determinar si invertir tu tiempo para averiguar si la persona puede cambiar se justifica o no. Si tienes un problema porque alguien tiene un mal desempeño o no está dando lo mejor de sí, y tú sabes que el cargo de esa persona lo exige, entonces debes responder una pregunta importante: ¿la arreglo o la reemplazo? Si recuerdas, esa es la orden de poda de Jack Welch: «Arreglar, cerrar o vender». Si la persona muestra los atributos propios de la sabiduría, sabrás si se puede arreglar. No puedes arreglar a las personas que no aceptan la retroalimentación, ya que desde su punto de vista no tienen ningún problema. En lo que a ellas concierne, no hay nada que arreglar. Por eso no cambian.

Pero si la persona acepta la retroalimentación o la orientación y la aprovecha, entonces hay una razón verdadera para tener esperanza. Quizá esto no garantice el éxito, pues la persona puede tomar las cosas en serio pero talvez no posea las habilidades y los talentos necesarios para el trabajo. Pero entonces sabrías que dedicarle más tiempo sería inútil, y no dudarías respecto a tu decisión. Ambos habrían hecho todo lo que estuviera a su alcance, para después concluir que no funcionó. Brindaste tu ayuda, la persona la utilizó y, aun así, las cosas no mejoraron. Sigue adelante, y ambos estarán contentos.

¿Puedes tener una esperanza real, no un deseo vacío, con personas sabias? Por supuesto que sí. Dales recursos, entrénalas y oriéntalas. Es probable que obtengas la recompensa por lo que has invertido. Ellas asimilarán lo que les des y mejorarán, y tú habrás evitado un cambio innecesario. Si hacen todo lo anterior pero aun así la persona no está a la altura de la tarea, será evidente, entonces, que el cambio es necesario, pues ambos han hecho todo lo que podían.

Con respecto a las personas sabias, la conclusión es que *hablar ayuda*. La retroalimentación ayuda. Ellas la utilizan; así que sigan hablando hasta que no haya más que decir. En el capítulo once brindaré ideas específicas para sostener ese tipo de conversaciones difíciles, entre otros. Por ahora, veamos el siguiente tipo de persona.

LA PERSONA TONTA
Un cliente mío conversaba con su gerente de producción, y los escuché decir lo siguiente:

—Kyle, quiero que hablemos del lanzamiento del producto. Tuvimos algunos problemas, y quisiera que descubriéramos qué sucedió —dijo Tony, el jefe.

—Muy bien, hablemos. Tengo las gráficas, y sé que no logramos lo que supusimos —respondió Kyle.

—Así es, ¿qué crees que sucedió? —preguntó Tony.

—Creo que los de mercadeo fallaron al enfatizar la saturación local. No creo que el interés real esté ahí —explicó.

—Hablé con ellos —dijo mi cliente—. Me dijeron que se vieron limitados porque la cobertura que esperaban recibir de los anuncios no sucedió. Dijeron que estos entraban en conflicto con los anuncios que la cadena de televisión había vendido antes de los nuestros.

—Eso pudo haber ocurrido. Los empleados de esa cadena de televisión son unos tontos —asestó Kyle.

—¿Qué quieres decir?

—Que son desorganizados, siempre arruinan las cosas.

—Cuando hablé con la gente de la cadena, me dijeron que la fecha de nuestros anuncios no se había reservado porque no recibieron a tiempo tu arte gráfico final. Afirmaron que te lo habían solicitado semanas antes, y que no recibieron una respuesta de tu parte aun después de varias solicitudes —replicó Tony.

—Dudo que sea verdad, pero podría ser. El departamento de sistemas ha extraviado muchos correos electrónicos últimamente, y es posible que yo no los recibiera —dijo Kyle.

—Sin embargo, eso no es lo que me preocupa —agregó Tony—. Esto no se trata del departamento de sistemas, la cadena de televisión ni de los correos electrónicos. El lanzamiento es *tu* asunto. Si funciona, es porque tú lo hiciste funcionar; y si la cadena de televisión no fue programada para salir a tiempo, era tu responsabilidad monitorear esto para saber que teníamos un problema. Luego, si acaso se tratara del departamento de sistemas, lo hubieras sabido y hubieras estado pendiente. Como resultado, hemos perdido nuestra oportunidad, y eso nos afectará mucho. Necesito que las cosas se hagan mejor.

—Pero no puedo controlar a la cadena de televisión. Me aseguré de que la unidad de medios hiciera la compra, y ellos tenían que darse cuenta de que no todo estaba definido. Debieron haber estado más atentos —explicó.

—Kyle —dijo el jefe—, tú estás a cargo de la unidad de medios en esta cadena; este asunto es tuyo.

—Sí, pero ya hice mi parte con ellos. Si los *spots* de prueba no estaban listos, no es mi asunto, pues ya le había dado los plazos a la unidad de medios, quienes debieron haber cumplido. Además, esa fue la semana en la cual me enviaste a trabajar en el catálogo del próximo año. Ni siquiera estaba aquí para enterarme de lo que estaban haciendo.

En ese momento, interrumpí la conversación. Volví la mirada a Tony y le hice una simple pregunta:

—Tony, ¿cómo te sientes al respecto?

Tony suspiró y me dio una sola respuesta:

—Desesperanzado.

—Puedo darme cuenta del porqué —le respondí—. Parece que el problema nunca está en este lugar.

Ese es el problema con los necios. Mientras la característica principal de una persona sabia es que cuando la luz aparece, ella la ve, la recibe, la asimila y ajusta su comportamiento a la misma, el tonto hace lo contrario: *rechaza la retroalimentación, se resiste a ella, encuentra una explicación conveniente y no hace ajustes para cumplir lo que le piden*. En resumen:

---

*El tonto trata de ajustar la verdad a su conveniencia
para no tener que ajustarse a ella.*

Hemos visto cómo la persona sabia se alinea con la verdad. Por el contrario, el tonto ajusta la verdad a su conveniencia de manera que no tenga que hacer nada diferente. Nunca se equivoca, alguien más lo hace. Si has tenido una conversación como la anterior (y estoy seguro de que la has tenido con los Kyles de tu trabajo y tu vida), entiendes con exactitud cómo se sentía Tony: desesperanzado. Esto se debe a que Kyle no tomaba la responsabilidad del problema. Darle retroalimentación resultaba inútil. Por lo tanto, como veremos más adelante, *no tiene sentido seguir con ello*. Pero hablaremos más de esto en unos momentos.

Es probable que hayas tenido esa experiencia. Es la sensación persistente que obtienes siempre que conversas con alguien sobre el mismo tema una y otra vez. Poco a poco, te hundes en la frustración y la desesperación por la esperanza incumplida. Deseas que la persona escuche lo que le estás diciendo, en especial, cuando tu intención no es perseguirla, sino resolver un problema para que las cosas funcionen o la relación mejore. Sin embargo, no logras nada y te sientes atascado. Intentas una y otra vez, pero nada sucede.

Lo que debemos entender aquí es que eso es precisamente lo que una persona empeñada en la torpeza de no ver la verdad intenta lograr. Esa persona se encuentra en una posición en la que no puede ver, aceptar ni mucho menos ajustarse a la verdad. Su objetivo es evitar asumir la retroalimentación, la cual le exigiría tomar la responsabilidad y cambiar. Como resultado, esa persona genera un constante daño colateral que afecta a los demás y daña la visión, y todos, menos ella, sienten los efectos. De esta forma, la frustración a su alrededor aumenta.

Así como *ser sabio* no necesariamente significa ser inteligente o talentoso en extremo, *ser tonto* no significa ser torpe o carecer de talento. Es irónico, pero una persona tonta puede ser «la más inteligente de la oficina», la más talentosa o la más encantadora. Por ello, a menudo los tontos nos confunden con sus atributos fantásticos. La atracción que sentimos por sus talentos y habilidades nos mantiene atados a ellos, y nos dificulta renunciar a ellos. Por eso, seguimos intentándolo, y atesoramos la idea de que «una conversación más» obrará el milagro. Sin embargo, vemos los mismos comportamientos cada vez que intentamos resolver un problema, dar un aporte, orientar o corregir.

Características de las personas tontas
- Cuando reciben retroalimentación, se muestran a la defensiva y, de inmediato, salen con una razón por la cual no han cometido el error.
- Cuando se les señala un error, lo exteriorizan y culpan a alguien más.
- A diferencia de la persona sabia, con quien conversar sobre los problemas hace que la relación se fortalezca, los intentos de hablar con una persona tonta sobre los problemas crean conflicto, alienación y separación en la relación.
- A veces, te culpan a ti de inmediato, en un intento de «matar al mensajero» y de probar que, de alguna manera, fue tu culpa. Dicen cosas como: «Si me hubieras asignado más recursos, lo hubiera hecho. Pero recortaste mi presupuesto». «Tú me pediste que me enfocara en otro proyecto», o «nunca me dijiste que lo deseabas de esa manera». De pronto, la conversación cambia, y eres quien debe ser corregido.
- A menudo, minimizan las situaciones en un intento de convencerte de que «las cosas no están tan mal» o de que «el problema no es tan serio como piensas, y no es para tanto».
- Racionalizan todo; te explican con razonamientos por qué su comportamiento es ciertamente comprensible.
- Proliferan las excusas, y este tipo de personas nunca asume la responsabilidad del problema.
- En lo emocional, su respuesta no muestra arrepentimiento. En lugar de ello, se molestan contigo por pedirles cuentas de sus actos, y te atacan con frases como: «Para ti, nunca hago las cosas bien», o «¿cómo puedes decirme esto después de todo lo que he hecho?». Otra opción que pueden adoptar es la actitud de que «todo es malo» y dicen cosas como: «Supongo que no puedo ha-

cer nada bien», lo cual te indica que debes rescatarlos y decirles cuán buenos son.
- Comienzan su respuesta con: «Es que tú», y luego desvían la conversación para señalar tus flaquezas.
- Tienen poco o ningún interés o conciencia del daño que les causan a otros o incluso a la misión de la empresa. Aunque su desempeño o comportamiento genera daño colateral a otras personas, hacen caso omiso del asunto y creen que los demás son problemáticos por pensar que hay algún conflicto.
- Cuando se les corrige, su reacción emocional se opone a la de las personas sabias, quienes valoran la retroalimentación y muestran aprecio por ayudarles a través de esta. En lugar de ello, la actitud de las personas tontas es de enojo o desdén y, en otros casos, es una respuesta de pelear o morir. Como resultado, se ponen en tu contra o se alejan de ti. He escuchado a muchas personas decir que después de confrontar a alguien, esa persona nunca más les volvió a hablar a menos que fuera necesario.
- Se ven a sí mismos como víctimas y a las personas que les señalan los problemas como victimarios. Se sienten como la víctima moralmente superior y, a menudo, encuentran a alguien más que los rescate y esté de acuerdo con la idea de que tú eres una mala persona por estar «en contra» de ellas.
- En su mundo solo existen las personas buenas y las malas. Las buenas son las que están de acuerdo con ellas y las ven como tales; las malas son aquellas que no creen la idea de que son personas perfectas.

Lo que debemos entender de estas características es que los tontos no asumen el problema y se niegan a tomar la responsabilidad y a cambiar de comportamiento para cumplir las exigencias de la vida. Por el contrario, los tontos desean que la realidad cambie a su conveniencia. Desean que el mundo exterior cambie en lugar de cambiar ellos.

Estrategias para tratar con personas tontas
Al principio hablamos del problema de las personas amorosas y responsables: dan por sentado que todas las personas son como ellas y que responderán positivamente a la retroalimentación. Creen que con tan solo señalarle un problema a alguien, la persona responderá como ellas lo hacen, tomará la

responsabilidad y cambiará. Pero como hemos visto, las personas tontas no son así en lo absoluto. De hecho son todo lo contrario, y *no desean escuchar ni cambiar*. Esto nos trae a un asunto estratégico: mientras que es útil hablar de los problemas con una persona sabia y responsable, *es inútil* hablar de estos con un tonto. *Por eso, seguir hablando de los problemas no es la solución.*

Así que deja de hablar.

Al menos, deja de hablar sobre el problema. Recuerda la definición de *loco*: seguir haciendo lo mismo y esperar resultados distintos. Si has tenido la misma conversación sesenta y tres veces, ¿en serio piensas que la conversación número sesenta y cuatro obrará milagros? La palabra para describir esto, sin tecnicismos, es *fastidiar*. No deberíamos fastidiar ni hacer cualquier otro intento repetitivo para que alguien escuche. Si te ves forzado a hacerlo, algo anda mal. Después de intentar una y otra vez para que alguien vea un problema, *llega el momento de dejar de hablar de ello y de tener una conversación diferente*. Deja de hablar de los problemas y enfócate en un problema nuevo, el cual es que *hablar es inútil*.

Es momento entonces de dejar de intentar cambiar a los necios, y hablar sobre el hecho de que nada está cambiando y que eso es un problema.

«Joe, hemos hablado muchas veces sobre *a, b* y *c,* y ya no deseo hablar de esas cosas. No ayuda en nada. Ahora deseo hablar de un problema distinto. Quiero decirte que intentar hablar contigo sobre algún problema no sirve de nada. Por ello, ¿qué sugieres que hagamos al respecto? ¿Cómo puedo darte retroalimentación de manera que la escuches y hagas algo al respecto?».

En ocasiones, estas preguntas pueden generar una respuesta, y si la hay, habrás dado un gran paso. Pero también existe la posibilidad de que recibas más de lo mismo, y si es así, es momento de implementar una estrategia para cambiar ese patrón. Para hacerlo, debes dejar de hablar sobre el problema. Debes establecer límites para el mismo, en lugar de tratar de solucionarlo con la conversación. Mientras que la estrategia con las personas sabias es hablar sobre los problemas, brindarles aportes y ayudar, la estrategia con las personas necias consiste en dejar de hablar y pasar a dos intervenciones importantes: *los límites y las consecuencias.*

En primer lugar, protégete de todo el daño colateral al que puedas estar expuesto por parte de una persona como esta.

- «Susie, he intentado hacer que veas el problema y lo cambies, lo cual no ha servido de mucho. Entonces, debo asegurarme de que al menos ya no me afecte (o al equipo, la empresa, los resultados o la familia). No puedo permitir que fracasemos otro trimestre porque no estás dispuesta a hacer lo que te pido. Ya no estarás a cargo de la tarea, se la daré a alguien más que esté dispuesto a hacer lo que necesito».
- «Sam, no puedo permitir que me sigas dañando y que pongas mi vida en peligro por tu problema con la bebida. Así que la próxima vez que vengas ebrio, me alejaré de ti. Saldré de la casa o de la actividad, e iré a alguna parte donde esto ya no me afecte».
- «Keith, tu ira me lastima, y no puedo permitir que sigas gritándome. Así que la próxima vez que suceda, me iré».
- «Roger, me preocupa mucho el equipo y el ambiente de trabajo. Por eso, no puedo permitir que tu comportamiento abusivo lo siga destruyendo».

El siguiente paso esencial es ver las consecuencias. Por un lado, sabes que la retroalimentación no ha ayudado y que los límites te protegerán del daño colateral que una persona irresponsable podría causarte. Por otro lado, las consecuencias representan la última estrategia para hacer que una persona toque fondo y «vea la luz». Las consecuencias buscan el bien de la persona, y quizá puedan hacer que algunas cosas cambien.

- «Mary, hemos tenido varias reuniones en las que has bebido demasiado y nos has arruinado el momento, así que debo decirte que mientras no te controles, no te incluiremos más. Ya no estás invitada».
- «Bill, hemos hablado mucho de tu desempeño, y nada parece cambiar. Por eso, tendré que quitarte del cargo».
- «Roger, hemos conversado sobre esto muchas veces, y he intentado que cambies algunas cosas, pero no sucede nada. Te voy a aplicar una suspensión sin goce de sueldo para que lo pienses y decidas si quieres seguir aquí y bajo qué circunstancias».

- «Dave, me gustaría tener un hogar donde todos fuéramos sobrios. Dado que tú no has decidido hacer algo por tu adicción, ya no viviré contigo hasta que te pongas en tratamiento y seas sobrio».
- Bárbara, me gustaría que siguieras siendo nuestra clienta, pero hemos hablado de los problemas que me dificultan las cosas. Ya que has decidido no cambiar esos problemas, no puedo seguir trabajando para ti. Si algo cambia, me avisas».

La estrategia para tratar con personas tontas es sencilla: deja de hablar sobre los problemas y diles claramente que hablar es inútil y que tomarás los pasos necesarios para proteger lo que es importante para ti, la misión u otras personas. Establece los límites para detener el daño colateral o su negativa a cambiar, y, cuando sea apropiado, aplícales consecuencias que les hagan sentir el dolor de su elección de no escuchar.

El cambio necesario que tienes que comenzar para con las personas presas de su propia necedad es *acabar con el patrón*. No puedes controlarlas ni hacerlas cambiar. Lo que sí puedes hacer es *ponerle fin a los daños que su falta de responsabilidad genera en ti y en otros*. Al hacerlo, habrás logrado dos cosas que ni con el fastidio has podido alcanzar: habrás limitado los efectos que su comportamiento causa en ti y en los demás al prevenir que su enfermedad (la irresponsabilidad) contagie tu vida, el equipo o la misión, *y, segundo, es probable que hayas hecho la única cosa que puede influenciarlas para cambiar. Hablar no servirá de nada, pero hacer algo que les haga sentir las consecuencias de su comportamiento puede ser lo que, por fin, las haga cambiar.*

Aquí la clave es ver que mantener la esperanza por alguien que se resiste a la retroalimentación no se fundamenta en la realidad. Solucionar problemas ajenos es, en sí mismo, un asunto difícil. Pero si el dueño de los problemas se niega a reconocerlos, y no está haciendo algo al respecto, entonces no existen motivos suficientes para albergar la esperanza hasta que lo haga. *De ahí la importancia de que reconozcas el comportamiento de las personas tontas.* Una vez que lo identificas, sabes que un cambio se avecina. Si no es el reemplazo de una persona, es al menos un punto final al hecho de permitir que su patrón persistente te afecte o dañe a aquello que te importa. De otra manera, no puedes tener la esperanza de que el futuro será diferente al presente.

La clave para cambiar el comportamiento de una persona tonta
Como hemos visto, hay una gran diferencia entre cambiar el comportamiento de una persona sabia y el de una persona tonta. Si hablas con un sabio, le ofreces lo recursos y lo ayudas, por lo general obtendrás mejoras. Pero con un tonto, hablar es inútil, y solo las consecuencias tienen peso. Hablemos de esto por un momento para que veas cuán importante es este punto y por qué a veces tienes que aplicar las consecuencias en el proceso.

Cuando una persona no toma su responsabilidad siempre hay consecuencias. La pregunta es: ¿quién está *sufriendo* las consecuencias? La mayor parte del tiempo, si se está frente a una persona que no responde a la retroalimentación, quienes sufren las consecuencias son su empresa, su equipo de trabajo, su jefe, sus compañeros y sus seres queridos. Un adicto, por ejemplo, no intenta destruir la vida de otras personas; solo intenta huir de la responsabilidad de sus problemas. Pero como resultado, arruina la vida de muchas personas por el «daño colateral» de su adicción. Ciertamente existen consecuencias, pero no es el adicto quien las sufre, sino todos los demás.

En el ámbito laboral, cuando una persona no asume los problemas, por lo general quienes sufren las consecuencias son la empresa, el equipo de trabajo o los compañeros. Estas incluyen estar en una cultura tóxica; experimentar retrasos; no cumplir plazos establecidos; perder negocios, ganancias potenciales y clientes, no cumplir la misión, etcétera. Todos los demás sufren estas consecuencias ya que trabajan arduamente, asumen su responsabilidad y, aun así, terminan pagando los resultados de la negación de otra persona.

Así que hasta que no termines ese patrón, no existirá fuerza alguna que motive el cambio ya que la persona no experimenta consecuencia alguna. *Este tipo de personas solo entiende las cosas cuando sufre las consecuencias.* Ese es el único momento en que sienten la necesidad de escuchar y cambiar. Por eso es que los cambios necesarios son, a menudo, el camino correcto.

Con frecuencia, escucho que jefes, compañeros de trabajo y otros individuos abordan a personas de este tipo de la siguiente manera: «*Necesitas* entregar tus reportes a tiempo para que podamos avanzar y cumplir nuestras fechas de entrega». Luego me dicen: «Le dije que necesitaba hacerlo, pero aun así no hace caso».

Por lo general, les digo que eso no es cierto. Este tipo de personas no necesita hacerlo. «Aparentemente, no necesita hacerlo en lo más mínimo, sino ya lo estuviera haciendo. Parece como si *tú* necesitaras que lo hiciera y que *tú* eres la única persona que siente que él necesita mejorar su desempeño. Es obvio que él no siente esa necesidad. Pienso que deberíamos hablar sobre cómo *transferir esa necesidad a sus hombros, pues él es la única persona que puede hacer algo al respecto*». Las consecuencias son las herramientas para lograrlo. Cuando las personas comienzan a sentir las consecuencias de su comportamiento o desempeño, de repente se dan cuenta de que «necesito mejorar mi desempeño o me despedirán». Por fin, la necesidad ha pasado de los hombros de aquellos que no deberían experimentarla a los hombros de quienes sí deberían hacerlo.

Cuando una mujer le dice a su cónyuge alcohólico: «Necesitas ir a Alcohólicos Anónimos», es obvio que eso no es verdad. El alcohólico no siente esa necesidad, y no irá a ningún lado. Pero cuando ella le dice: «Me voy de casa, y estaría dispuesta a regresar contigo si recibes tratamiento para tu adicción», de pronto el alcohólico siente que «*necesito* ayuda o perderé mi matrimonio». La necesidad se ha transferido. Lo mismo sucede con cualquier clase de comportamiento problemático en el que una persona no acepta retroalimentación ni asume su responsabilidad. Debemos transferir a la otra persona la necesidad y el impulso de hacer algo, y eso lo logramos al establecer consecuencias que, por fin, le hagan sentir el dolor en lugar de que otros lo sufran. Cuando la persona sienta el dolor, percibirá la necesidad de cambiar.

Entonces, al hablar de cuándo albergar esperanza y cuándo no, si estás a la espera de que alguien que no acepta su responsabilidad entienda y cambie pero no hay nada en el horizonte que fuerce ese cambio más que tu deseo, probablemente se trata de un deseo irreal, no de una esperanza objetiva. Si estás tratando con una persona como esta, quizá sea tiempo para un cambio necesario en ese patrón de no escuchar y para el inicio de un plan diferente. Un plan esperanzador es aquel que te protege de los problemas de una persona necia y, de paso, la fuerza a experimentar las consecuencias de su desempeño, de manera que haya esperanza de que ella despierte y cambie.

LAS PERSONAS MALVADAS
En ocasiones, cuando me encuentro en un taller de trabajo, una capacitación sobre liderazgo o enseñando sobre estos tres tipos de personas, resumo de esta manera los métodos para tratar con ellos con el propósito de introducir el concepto de la persona malvada:

1. A las personas sabias, háblales, dales los recursos y obtendrás resultados.

2. Con las personas tontas, deja de hablar sobre los problemas, pues ellas no escuchan. También deja de brindarles recursos, pues los desperdician. En lugar de ello, necesitas presentarles límites y consecuencias.
3. Con las personas malvadas, para citar la canción de Warren Zevon, la estrategia es: «Abogados, pistolas y dinero». ¿La razón? Al tratar con personas malvadas, tienes que protegerte en lugar de ayudar.

Por lo general, los abogados, las pistolas y el dinero llaman la atención de estas personas. No lo digo para agregar dramatismo, la verdad es que no estoy bromeando.

Abogados, pistolas y dinero: una píldora difícil de ingerir

Para algunas personas, es difícil entender que en el mundo hay otras que quieren hacerles daño, y no por accidente, como lo haría una persona tonta, sino porque en verdad *quieren* hacer daño. Esto es cierto. Existen algunas personas cuyo deseo es dañar a otras y hacer cosas destructivas. Ante este tipo de personas, tienes que proteger tu persona, tu empresa, tus seres queridos y todo lo que te importe. De hecho, los malvados desean derribarte.

A algunos líderes esto les resulta difícil de entender. Piensan que pueden razonar con cualquiera y que, al final, podrán comunicarse. Pero las personas malvadas no son racionales; buscan destruir. Necesitas protegerte, por lo tanto: abogados, pistolas y dinero.

Utilizo estas palabras para mostrarte los recursos que tienes para protegerte. A veces, tienes que reconocer a las personas tal como son, protegerte, realizar cambios *muy* necesarios y no relacionarte más con ellas. Debemos protegernos a toda costa de aquel tipo de personas que derriba a las demás, provoca división a propósito, disfruta cuando alguien fracasa e intenta crear trampas para los otros o para la empresa. Entre más esperes que ese tipo de persona cambie, más vulnerable te vuelves.

Con sus vidas en peligro, muchas mujeres tienen que obtener órdenes de restricción por estar en una relación con hombres destructivos. Esas mujeres necesitan realizar un cambio necesario y firme, evitar todo contacto y recibir protección por parte de sus abogados, la policía y otros. Por lo tanto: abogados, pistolas (la policía) y dinero.

Esto también sucede en el mundo de los negocios. Raras veces existe algún peligro físico; a menudo, son las empresas o las carreras personales las que están en riesgo. Existen personas que desean derribar y destruir lo que has construido, y lo quieren hacer por muchas razones. Te envidian y quieren tu puesto, o piensan que han sido despreciadas y quieren demandarte legalmente para desquitarse. He sido testigo de cosas feas que suceden en el mundo empresarial, algunas de las cuales se pudieron haber evitado si las personas no hubieran albergado la falsa esperanza en un individuo con comportamiento malvado. No esperes que las personas malvadas cambien. Quizá lo hagan, y, si lo hacen, *no ocurrirá porque cedas ante ellas, razones con ellas o, incluso, porque les des otra oportunidad de hacerte daño*. Cambian cuando por fin se someten a los límites que los obligan a cambiar. La cárcel les hace un bien a algunas personas.

Ante el mal, la conclusión es que debemos mantenernos alejados, realizar el cambio más contundente que podamos llevar a cabo para nuestra protección y buscar ayuda real para el mismo. Utiliza a tus abogados, instituciones de cumplimiento de la ley (esta es la parte que corresponde a las pistolas) y tus recursos financieros para asegurarte de que no seas víctima de alguien que intenta destruir tu persona o aquello que te importa. Mientras que con las personas sabias debes hablar de los problemas y con las personas tontas debes hablar sobre las consecuencias, con las personas malvadas no debes hablar, punto. Por alguna razón, existe esta expresión: «Puedes hablar con mi abogado».

La diferencia entre los problemas y los patrones
La diferencia entre los problemas y los patrones es otro aspecto a considerar cuando no sabes si deberías seguir trabajando con una persona o no. Estamos frente a un problema cuando existe algo en el desempeño o la conducta de una persona que es necesario cambiar. Es específico, objetivo y particular. Por ejemplo, cuando se echa perder un proyecto a causa de un error específico o por un conflicto interpersonal mal manejado.

Estamos frente a un patrón cuando hay problemas pero estos no son asuntos o incidentes particulares. Por el contrario, puedes enlazar muchos incidentes para ver que la persona cometió un error en el proyecto porque no se organizó ni buscó el material que necesitaba. Ese es tan solo un ejemplo más de las muchas veces en las que ella ha cometido errores similares. No es un incidente específico o un problema que solo sucede una vez. Es un patrón reconocible y casi predecible. Se ha vuelto recurrente.

Cuando estás tratando con un patrón recurrente, se minimiza la esperanza de que con una conversación o una simple corrección tendrás buenos resultados. En muchas ocasiones, aunque no en todas, los patrones son tendencias sobre las cuales las personas tienen un escaso control consciente, y el proceso de cambio se torna más difícil. En efecto, un cambio puede suceder, pero si de manera significativa depende de ello y te aferras a mantener la esperanza de que haya un giro en esos patrones establecidos desde hace mucho, te aconsejo que revises los componentes para el proceso de cambio que describí en la sección «Cuándo salir de la desesperanza» en el capítulo seis.

La esperanza y el movimiento de las fortalezas
El movimiento de las fortalezas ha sido uno de los énfasis principales en la literatura moderna sobre administración. Este movimiento, liderado por la Organización Gallup, el investigador organizacional Marcus Buckingham y otros, abandera un mensaje positivo: las personas trabajan mejor cuando funcionan a partir de sus fortalezas en lugar de sus debilidades, y las empresas funcionan mejor cuando se aseguran de que sus empleados invierten su tiempo y sus energías en aquello que hacen mejor en lugar de aquello para lo que no son buenos.

Este descubrimiento es importante para nuestro análisis sobre la esperanza por dos razones. La primera es que, a veces, el desempeño de una persona no mejorará si le sigues pidiendo que haga algo para lo cual tiene poco talento, habilidad o inclinación. Estás nadando contracorriente al albergar la esperanza de que algo mejorará. Una mejor estrategia es ver qué sucede al cambiar a la persona a un ámbito donde se necesiten sus fortalezas. Entonces podrías albergar la esperanza de ver un mejor desempeño.

Esto también sucede en el ámbito personal. He visto a matrimonios transformarse cuando algún conflicto antiguo, derivado de la falta de acción o desempeño de uno de los cónyuges, se revierte cuando la pareja decide cambiar sus roles en ese campo. Recuerdo a un matrimonio en el que la esposa siempre se sentía decepcionada por la manera como el esposo administraba las finanzas. El esposo no tenía ninguna inclinación por ese ámbito, pero ambos creían que ese era «el deber del hombre» en la familia. Ella era mucho más organizada y diestra con los números, las fechas, los detalles y cosas por el estilo, además de que tenía un gusto por los mismos. Así que dejaron de pensar que el hombre tenía que administrar el dinero. Ella se hizo cargo del asunto, y él asumió algunas de las otras responsabilidades que ella antes sobrellevaba, y salieron adelante. Las fortalezas son importantes, por lo tanto, fundamenta tu esperanza en ellas.

Existe otra razón por la cual las fortalezas son importantes en relación a la esperanza: en ocasiones, las personas se desempeñan en su área de fortaleza, pero sus problemas de carácter son tan severos que neutralizan sus fortalezas. Pueden ser personas muy creativas, pero son tan desorganizadas y tienden a dejar todo para último minuto que no puedes obtener de ellas un proyecto terminado. O pueden ser tan conflictivas que no pueden ser parte de un equipo. En esos casos, no es necesario pedirles que se enfoquen en sus fortalezas, pues ya lo están haciendo. Es necesario ver si pueden lidiar con sus problemas básicos de carácter, tal como vimos en el capítulo anterior. Si lo hacen, hay esperanza; si no lo hacen, no tiene caso buscar otras tareas donde puedan mostrar sus talentos. Existe una diferencia entre *fortalezas y carácter*. Te recomiendo mi libro *Integridad: Valor para hacer frente a las demandas de la realidad* (Editorial Vida, 2008) para leer más sobre este punto.

Todo se resume en la esperanza
Los cambios necesarios ocurren cuando llegas al «buen estado de la desesperanza». Es ahí donde ves la realidad con claridad y te das cuenta de que debes terminar aquello que «es así». En ocasiones, por desgracia, esa decisión tiene que ver con personas, y decidir cuándo seguir intentando ayudar a una persona y cuándo no, es una de las más difíciles de hacer. Necesitamos tomar ese tipo de decisiones en muchas instancias a lo largo de la vida. En el liderazgo, Peter Drucker las llama «decisiones de vida o muerte», y también es así en la vida personal.

Así que no deberíamos tomar decisiones a la ligera, en especial aquellas que involucren a las personas. Es esencial que tengamos un buen criterio para saber cuándo albergar esperanza y cuándo abrazar la desesperanza. Si tienes tus esperanzas puestas en alguien que no reconoce sus problemas, generalmente eso equivale a desperdiciar tus energías, tu tiempo y tus recursos. Pero al mismo tiempo, como hemos visto, puede haber esperanza para esa persona si haces las cosas correctas e impulsas un cambio, es decir, si dejas de promover el patrón al echar mano de los límites y las consecuencias.

A la inversa, otras personas están dispuestas a cambiar si les brindan los aportes correctos pues son sabias y están abiertas a escucharte. Con ellas puedes albergar la esperanza, si es que poseen los talentos y las habilidades para dar lo que tú esperas de ellas.

Entender la diferencia entre los sabios, los tontos y los malvados resulta una herramienta útil para tomar las decisiones difíciles.

CAPÍTULO 8

Crear un sentido de urgencia: Permanece motivado y con energía para el cambio

«Sé que vivo en el infierno, sin embargo, conozco el nombre de todas sus calles». Esto es justamente lo que una mujer les respondió a unos amigos que intentaban convencerla de dar pasos positivos en su vida. Nunca olvidaré sus palabras, pues encarnan uno de los más grandes problemas para implementar cambios necesarios en la vida. Los cambios, sin importar cuánto se necesiten, son difíciles. Exigen reajustes, y por las razones que hemos visto, nos resistimos a los cambios que necesitamos hacer, aun cuando son beneficiosos para nuestra vida o nuestra empresa.

Tus conexiones cerebrales pueden hacer que resistas el cambio, como ya hemos mencionado. Pero, al mismo tiempo, si deseas dejar de sufrir el presente y obtener el futuro que sueñas, sabes que debes cambiar. Tanto la resistencia al cambio como la necesidad de él son reales y debes prestarles atención.

Hemos examinado algunos mapas mentales y sistemas de creencias que pueden haberte frenado. Ahora, veremos los *aceleradores* que te pondrán en movimiento y los *patrones de pensamiento* que también te detienen cuando estás en marcha y evitan que hagas los cambios que necesitas implementar. Básicamente, en este capítulo hablaremos de dos fuerzas: el tiempo y la energía. Ante un cambio necesario, el tiempo puede funcionar a tu favor o en tu contra. Si estás estancado o aguardando que algo suceda, de manera tácita aceptas lo que ya tienes o cosas peores. Si no estás creando un sentido de urgencia respecto a un cambio, no te pondrás en marcha. Por lo tanto, para liberarte de la inercia del pasado y del presente, necesitas crear un sentido de urgencia y dejar el estancamiento.

CREAR UN SENTIDO DE URGENCIA

Has escuchado que las personas se resisten al cambio. Eso no siempre es cierto. La verdad es que las personas se resisten al cambio cuando no sienten una necesidad real de implementarlo. Por ejemplo, si digo: «Levantémonos y salgamos», pero tú te sientes relativamente cómodo donde estás, te resistirás a mi sugerencia. Pero si digo: «¡Hay un incendio en el edificio! ¡Salgan ahora!», veremos poca resistencia al cambio. Implementamos cambios rápidamente cuando sentimos que detendrán el dolor o nos ayudarán a evitarlo.

Si se tratara de algo positivo, haríamos lo mismo. Si te pidiera no comprar más en tu tienda habitual donde te sientes a gusto, no te molestarías en hacer ese cambio. Pero si te dijera que otra tienda, ubicada a unas cuantas millas de tu tienda habitual, está ofreciendo tres artículos por el precio de uno, habría más probabilidades de que fueras. Así que para lograr que tu cerebro se mueva para realizar un cambio y hacer que las personas a tu alrededor hagan lo mismo, *se requieren dos cosas*: *el temor a lo negativo y el impulso de lo positivo*. Tu cerebro necesita entender que si no te mueves, sucederá algo malo, y que si te mueves, obtendrás lo que deseas. Tienes que salir de la zona de comodidad en la que te encuentras, donde te permites vivir en el infierno solo porque conoces el nombre de todas sus calles. Recuerda, *no fuiste diseñado para sobrellevar la vida, sino para crecer*. Pero tal como un rosal, no puedes crecer sin la poda, lo cual quiere decir que los cambios necesarios son urgentes. Veamos cómo hacerlos.

ESTRATEGIAS PARA CREAR UN SENTIDO DE URGENCIA

Hemos visto cómo las experiencias previas de la directora general Julie Shimer habían encendido un sentido de urgencia para hacer cambios. Todo lo que tuvo que hacer en ese momento fue poner la «película» del pasado y escuchar «las alarmas contra incendio» que se activaban a su alrededor. De inmediato, sintió la urgencia y actuó con valor.

Adelantar la película es uno de los mejores motivadores del comportamiento humano que se conocen, ya que hace que el cerebro se alinee con lo que deseas y pueda crear nuevos patrones de comportamiento. Recuerda, hablamos de que tu cerebro se pondrá en movimiento para lograr algo si está de acuerdo con ello, y dejar de sufrir se encuentra como una prioridad en su lista. El problema de «vivir en el infierno, pero conocer todas sus calles» es que no experimentas suficiente dolor como para crear un sentido de urgencia. Nos acomodamos a nuestro sufrimiento, pues encontramos maneras de medicarnos, engañarnos, reprimir nuestros sentimientos o distanciarnos lo suficiente de los problemas para que no nos afecten de manera directa. Por ejemplo, los directores generales y otros líderes pueden mantenerse por «encima» de los problemas reales de las trincheras y no sentir la urgencia de hacer cambios. Recuerda el relato de Shimer sobre cómo los ejecutivos de Motorola se mantuvieron distanciados de la realidad dolorosa y pendiente, al consolarse con la idea de que su participación de mercado los salvaría de la revolución digital. Todos utilizamos los mismos trucos, como lo veremos más adelante en este capítulo.

Entonces, el primer paso para realizar los cambios necesarios es *hacer que las amenazas a nuestro futuro se vuelvan tan reales en nuestra mente como lo son en la vida real*. Eso significa que tenemos que ser capaces de detectar las señales. La mayoría de expertos en el tema del cambio habla de la necesidad de «ver el futuro» que nos aguarda de manera clara y vívida para que salgamos de nuestra zona de comodidad. El experto en este tema, John Kotter, en su libro *A Sense of Urgency* [Un sentido de urgencia], Harvard Business Press, Boston, MA, 2008, lo explica de la siguiente manera:

> *Una conducta urgente no viene por la creencia de que todo está bien o de que todo es un caos. En lugar de eso, viene por la creencia de que el mundo nos presenta* **grandes oportunidades y grandes peligros** *(énfasis agregado). Aun así, la acción urgente no proviene de sentimientos de satisfacción, ansiedad, frustración o ira, sino por la determinación actual de avanzar y ganar. De forma natural, estos sentimientos llevan a las personas a un comportamiento en el que están en alerta y listas para tomar la iniciativa. Bajo este comportamiento, las personas revisan todo lo que las rodea, tanto dentro de la empresa como fuera de ella, en busca de información relevante para su éxito y sobrevivencia. Por complacencia o falsa urgencia, las personas miran hacia dentro, no hacia afuera, y se pierden lo esencial para lograr la prosperidad.*

Esta excelente descripción nos muestra cómo los sentimientos que verdaderamente motivan tienen que estar conectados con la realidad, lo que es contrario a la complacencia paralizante que se genera a partir de todo tipo de excusas, y a la crisis emocional que aparece al tratar con un cónyuge o un jefe molesto o gruñón. Los sentimientos que funcionan vienen de adentro, de ver el mundo tal como es, y se impulsan gracias a los peligros y las oportunidades. Es por ello que las intervenciones con los adictos funcionan más que el simple hecho de fastidiarlos, y que los estados de pérdidas y ganancias influyen más que las palabras en las juntas directivas y los ejecutivos. Los reportes de ganancias hacen que las juntas directivas se pongan en movimiento. La realidad puede movilizarnos. Desde mi perspectiva, es por eso que la sugerencia de Kotter de ver hacia afuera de la organización funciona, pues de esta forma las personas «abren el sistema» y le imprimen la verdad de las oportunidades reales y de las tormentas que se forman en el exterior de la empresa.

Volviendo a nuestra pregunta, ¿cómo haces que tu cerebro detecte las señales? ¿Cómo haces que tu corazón se alinee con los cambios necesarios? Mi sugerencia es que «pongas la película»: «Para junio próximo, ¿deseas verte en la playa tal como luces ahora, con sobrepeso?» O «¿quieres perder participación de mercado dentro de un año por tu negativa a despedir al vicepresidente de ventas?» Asegúrate que hoy mismo tu corazón y tu mente sientan la realidad que inevitablemente se avecina. Recuerda, debes sentir tanto los peligros como las oportunidades.

Esta es la manera: tómate un tiempo a solas y sé franco contigo mismo. Si es necesario párate frente al espejo y pregúntale a tu reflejo si desea que le mientas o que le digas la verdad. Si la respuesta es que desea una «mentira», puedes dejar de leer este libro. Si te mientes a ti mismo, nunca lo lograrás. Pero si la respuesta es «dime la verdad», entonces siéntate y piensa en todas las dimensiones de la situación que has estado evitando.

- La constante frustración por el desempeño de alguien en particular.
- La constante frustración por lo difícil que es lograr que alguien escuche.
- La constante frustración de obtener resultados deficientes.
- La constante frustración en una relación.
- La constante frustración con tus propios patrones o los de alguien más.
- La constante frustración por una línea de negocios o una estrategia que no está funcionando.

Después de reflexionar en esto, deja de lado las excusas, la automedicación, la racionalización o cualquier otra interferencia, y proyéctate al futuro: un mes, seis meses, un año, dos, cinco o más años. Mírate en ese futuro, con las mismas conversaciones que hoy sostienes, sin haber logrado mejores resultados. Visualízalo, siéntelo, percíbelo. Ya sabes cómo se siente, así que no tienes necesidad de imaginártelo; lo estás viviendo ahora mismo. Solo quiero que te visualices viviendo las mismas experiencias dentro de unos cinco años. ¿Es eso lo que quieres?

Una vez tuve a un empleado con quien me gustaba trabajar por varias razones. Tenía muchas fortalezas. Sin embargo, cometía los mismos errores una y otra vez. Luego de numerosas conversaciones con él para ayudarle a mejorar, sin lograr que viera la necesidad de cambiar, finalmente, perdí toda esperanza e implementé un cambio. Durante mucho tiempo, me había resistido al cambio debido a todas las fortalezas de ese empleado, pues deseaba que él lograra superar sus fallas. Esa actitud me mantuvo estancado por algún tiempo.

Sin embargo, un día todo cambió. Me visualicé lidiando con los mismos problemas en un plazo de un año, y sentí dolor de estómago. En el día a día, la situación no me golpeaba, por la esperanza de que un cambio ocurriría y porque hacía todo lo posible para ignorar algunas circunstancias. Pero, en realidad, estaba cansado de lidiar con su deficiente desempeño en aquellas áreas débiles. Lo que me llevó al borde fue *darme cuenta de que el futuro sería igual que el presente*. Quería algo mejor para mí y para mi equipo, y solo necesité «adelantar la película».

El cambio ocurrió porque mi cerebro se alineó. Le mostré el incendio que se veía venir, y me respondió: «No quiero ir en esa dirección. Haré un cambio». Hasta entonces, había intentado convencer a mi cerebro de tomar la incómoda decisión de despedirlo, pero se había resistido porque no veía ningún sufrimiento mayor en el horizonte. Pero cuando adelanté la película, mi ser completo por fin se alineó con la acción y dije: «Muy bien, no deseo, de ninguna manera, hacer esto el otro año».

Una mujer me contó que este método le había servido para dar el paso de terminar una relación de noviazgo de seis años. Dijo que había llegado al punto de sentirse cómoda ante la falta de intimidad emocional en su diario vivir, y que sentía que podía soportarla *en el presente* por otros motivos. Se había insensibilizado a esa situación. Luego, un día se visualizó casada con su novio, sintiéndose sola en su matrimonio, y fue entonces que algo se rompió en su interior. Sabía que tenía que terminar esa relación, y lo hizo. Ahora, ella tiene una mejor relación.

Por fortuna, esa mujer era soltera, y ese tipo de cambios forma parte del rumbo de la vida de la mayoría de personas. Pero aun en el pacto del matrimonio, el cual está diseñado para nunca terminar, se deberían cambiar algunos patrones frustrantes. Adelantar la película es lo que, finalmente, hace que las personas den el paso de decir: «No quiero sentirme de esta forma en cuanto a nuestra relación por el resto de la vida. Tenemos que buscar ayuda», o «no quiero seguir viviendo con el peso de tu adicción de aquí a un año o ni siquiera un mes. Busca tratamiento o múdate».

Tenemos una increíble tolerancia al sufrimiento, en especial, si pensamos que las cosas «mejorarán». Así que nos decimos pequeñas mentiras como: «Todo cambiará» o «no siempre es así». De esta manera, sobrevivimos un día y otro más, hasta que los días se convierten en años. Pero la verdad es que si no hacemos algo, nada cambiará ni mejorará. Por ello, tenemos que hacer que nuestro cerebro vea ese «peligro», como Kotter lo llama, y detenga las mentiras.

Hace poco, un amigo me relató cómo había dejado de fumar. Un mentor le ayudó a adelantar la película a fin de sentir la realidad de su hábito a futuro y en donde más le dolería: sus hijos. Mi amigo tiene dos hijos, uno de cinco y otro de siete. Todo lo que su mentor hizo fue pedirle que pusiera las fotos de sus hijos en el envoltorio de celofán de la caja de cigarrillos. De esa forma, cada vez que él sacara un cigarrillo, lo primero que vería serían las fotos de sus hijos, y luego se los imaginaría sin padre a causa de su muerte prematura. Ese enfoque es diferente y más poderoso que simplemente fastidiar a alguien con el estribillo de que «deberías dejar de fumar».

Ese enfoque le muestra a una persona la realidad dolorosa que debería evitar, y no tan solo un futuro incómodo, como el caso de dejar la nicotina. Renunciar a algo es incómodo, y la mayoría de las personas evita sentirse incómoda, a menos que en ese momento vea el rostro de sus hijos. Además, ese enfoque brinda la habilidad de hacer cambios. Esta razón es la misma por la cual las intervenciones funcionan con los adictos, cuando todos sus seres queridos se reúnen en una habitación, conversan sobre el dolor que la adicción les ha traído y prometen que se marcharán si el adicto no busca tratamiento. En las intervenciones eficaces, el grupo también expresa las grandes oportunidades que se vislumbran si el adicto recibe tratamiento: estaremos juntos como una familia.

Ya sea en la vida personal o en los negocios, experimentar hoy el sufrimiento real del mañana nos lleva a crear un sentido de urgencia. A veces, ese sufrimiento futuro resulta ser una frustración continua, una pérdida o el remordimiento que vendrá si no se hacen cambios. En cierta ocasión conversé con un líder sobre el patrón de alejamiento que experimentaba con su hija quien cursaba el noveno grado. Le pedí que reflexionara a fondo sobre el momento en que ella tendría que irse a la universidad y el riesgo de que, para entonces, no la conozca bien. ¿Cómo se sentiría con esa pérdida y ese remordimiento? Adelantar la película de esa pérdida futura lo hizo cambiar.

Esta técnica no solo funciona para lo negativo, sino también para lo positivo. Lo que me ayudó a hacer ajustes respecto a mi empleado problemático no solo fue visualizar que las dificultades continuarían, sino también visualizar cómo quería que mi empresa fuera. Imaginé cómo sería tener a una persona con buen desempeño en ese puesto. Imaginé lo bueno que eso sería. Entre más lo visualizaba, más lo veía, más seguro estaba de lo que quería y más odiaba lo que tenía. Tal como Martin Luther King dijo: «Sueño que un día...» Esa visión transformó toda una nación y representó cambios para una realidad muy negativa. Sin importar el tamaño de las situaciones, el método es el mismo.

Así que adelanta la película, ya sea en lo positivo o en lo negativo; siente la visión, obsérvala, percíbela y visualiza la realidad que puedes tener si tan solo cambias lo que debes; también visualiza ese futuro si no haces cambios. Eso te pondrá en movimiento. También *haz eso con tu equipo de trabajo*. Pregúntales si desean estar en la misma situación dentro de un año o si desean tener una realidad diferente. Luego, pregúntales qué cambios tendrán que hacer para llegar a ese futuro.

Crear «alianzas para el cambio»
La realidad del comportamiento humano es que somos influidos por los que nos rodean. Investigaciones recientes nos muestran que incluso en los patrones como ganar peso, las personas que te rodean te influirán. Si tienes familiares o amigos con sobrepeso, las probabilidades de que tengas sobrepeso se incrementan. Si en tu casa todos son sobrios, tienes menos probabilidades de sufrir una recaída. Si estás creando una cultura corporativa que valore el sentido de urgencia, te moverás con rapidez para implementar los cambios que necesitas.

He visto esta influencia en reuniones de líderes o grupos de trabajo cuando les he pedido que piensen en los cambios que cada uno de ellos necesita hacer. Cuando todos sienten la urgencia de hacer cambios necesarios, experimentan una presión positiva para llevarlos a cabo. La presión positiva del grupo para levantarse y actuar es fuerte y da resultado. Nos necesitamos los unos a los otros para crear este tipo de cambio. Recientemente, dirigí un retiro con un grupo de trabajo al que le hice esta pregunta principal: ¿cómo crearían «calor» en esta mesa? Los miembros de un equipo que «siente el calor» ejercen una presión positiva entre sí para ponerse en acción.

Si estás empujando una iniciativa de cambio en la empresa, debes crear alianzas poderosas, o como a menudo se les denomina: «coaliciones poderosas», es decir, las personas que serán de influencia para el cambio. Ya sea que esta provenga de su puesto de autoridad o del respeto personal que se hayan ganado, esos individuos mantendrán la energía fluyendo para terminar lo que ha sido y crear lo que sea necesario.

Hace poco trabajé para un director general que deseaba impulsar un cambio pospuesto después de varios intentos. La tarea se le había asignado a una persona quien no la había llevado a cabo. Junto al director general creamos alianzas poderosas con personas con influencia en la organización, y establecimos una estructura en la cual ellas tendrían mucha exposición y comunicación y donde podrían brindar aportes a los demás. La unidad que lograron en torno al cambio se volvió contagiosa y se convirtió en la norma para el grupo dentro de la organización. Por primera vez, «no era bueno» estar fuera del movimiento, aunque en los tres años anteriores había sido normal estar estancado.

A menudo, resulta útil delegar una parte de la misión y del mensaje a uno o dos equipos de trabajo secundarios o incluso a individuos. Luego, semanalmente o durante ciertos intervalos, necesitamos hacer que rindan cuentas al grupo por la parte del trabajo que les ha sido asignada. Así, tendrán que responder por sus responsabilidades ante el equipo de manera regular. Son dueños de esa tarea como parte del equipo, y reciben la presión de este para cumplir su tarea. ¿A quién le gustaría ir a una de esas reuniones sin estar preparado?

En tu vida necesitas ese mismo tipo de poder. Responde esta pregunta: ¿quiénes me rodean cada día? ¿Son aquellos que me apoyan y me infunden energía para el cambio? ¿O son personas que se sienten cómodas con la situación actual? Ya sea que desees reinventar una empresa o perder cien libras, las personas que te rodean serán un factor clave. No ignores esta verdad, de lo contrario tendrás mayores probabilidades de permanecer estancado.

Una de mis historias favoritas proviene de un grupo de mujeres con el que estuve trabajando. A una de ellas le costaba terminar con un novio quien, a largo plazo, no le convenía. Ella lo sabía, pero era incapaz de salirse de esa relación. Siempre que lo intentaba, extrañaba al novio, deseaba estar con él, idealizaba los buenos momentos y volvía con él. Así, posponía la vida que soñaba, y prefería la comodidad de una relación por lo demás insatisfactoria. A menudo, después de algún episodio de separación, él la llamaba y, a medida que hablaban, ella recordaba los «aspectos buenos» y encantadores de ese hombre. Deseaba estar con su novio, él la invitaba a su casa, ella aceptaba, se reconectaban, ella se quedaba ahí toda la noche y, al día siguiente, se odiaba a sí misma.

El grupo comenzó a notar que ese patrón se repetía una y otra vez, y empezó a ejercer presión positiva para que ella cambiara. Le ofrecieron acompañarla en las primeras etapas de la separación. Le mostraron cómo ella se estaba conformando con una relación de inferior calidad a la que deseaba. Pude ver el poder de una alianza en formación. Luego, sucedió.

Un día, la mujer llegó al grupo diciendo que la noche anterior su novio la había llamado para empezar otra ofensiva encantadora, y que ella había cedido. La había invitado a su casa, y ella había aceptado pues pensaba que «esta vez podían hacer que la relación funcionara». Él podía ser «muy bueno», dijo, pero luego relató que algo más había sucedido:

«Tan pronto colgué el teléfono, ¡pude escucharlas a todas ustedes en mi cabeza! ¡Sus voces sonaban con fuerza!». Señaló a varias de sus compañeras de grupo y dijo: «Pude escuchar que me decías: "¿En qué estás pensando? ¡Solo intenta utilizarte para tener relaciones sexuales otra vez! ¡No dará lo mejor de sí en la relación!". Y luego tú dijiste: '¡No cedas ante esto otra vez! ¡Él no es lo que quieres!'. Después, tú asestaste: '¿Por qué sigues entregándote a alguien que en verdad no es lo que quieres?'.

»A medida que sus voces subían su volumen, levanté el teléfono, lo llamé y le dije: "No iré". Intentó convencerme, pero le dije: 'No me vuelvas a llamar', y colgué. Fueron sus voces en mi cabeza las que me fortalecieron para hacer lo que necesitaba hacer».

Sean novias con el corazón roto, adictos o directores generales, todos necesitamos y recibimos la influencia y la fortaleza de las voces que nos rodean. De ahí la pregunta:

¿Quiénes son tus agentes de cambio para las transformaciones que necesitas realizar en tu vida o tu empresa?

Crear la visión

Hace unos años, nuestra familia se mudó a una nueva casa. A mis dos hijas, de cinco y siete años en ese entonces, les gustaba su antigua casa. Tenían buenos amigos en aquel vecindario, atesoraban muy buenas experiencias y amaban su escuela. Mudarse era lo último que querían hacer. Pero ese era un cambio necesario que teníamos que hacer, pues requeríamos más espacio.

Cuando surgió la idea, en mi rol de padre-psicólogo, decidí hablar con ellas. «Chicas, ¿alguna vez les gustaría cambiarse de casa? ¿Una en la que quizá puedan tener su propia habitación de juegos o un patio plano donde puedan hacer muchas cosas divertidas?». Les pregunté esto en un intento por mostrarles algunos de los beneficios.

«¡No!», respondieron al unísono. «¡Nunca! Nos encanta vivir aquí». En verdad me impresionó la pasión con la que me habían respondido. Me alegraba que les gustara nuestro hogar, pero era una mala señal para nuestros planes de mudanza. Supe que no sería una venta fácil o un cambio sencillo.

Pero luego tuve una idea. La nueva casa estaba en un proceso de completa remodelación y sería inhabitable durante muchos meses. Había suficiente espacio para hacer algo divertido en ese período de tiempo. Sabía que la vivienda tenía una casa de juegos en el patio trasero, y que esta era perfecta para ellas a su edad. Así que, sin mencionarles que nos mudaríamos, las llevé a ver «la casa de un amigo», y las expuse a las bondades del lugar, de forma secreta.

Cuando llegamos, di un recorrido para ver la construcción, y ellas, de inmediato, se fijaron en la casa de juegos. Corrieron hacia ella, entraron y, en cuestión de minutos, estaban metiendo caracoles de jardín, poniendo flores en las macetas de las ventanas, escalando el techo y haciendo un montón de cosas que mostraban su interés. Luego, les dije que teníamos que irnos pero se resistieron, pues deseaban quedarse para jugar un rato más. No obstante, me mantuve firme y encendí su deseo por la fruta prohibida que quería que un día comieran.

En las siguientes semanas, seguí con ese truco, incluso nos dimos un chapuzón en la piscina de la nueva casa para afianzar la carnada. Además, hice que subieran a las habitaciones, fueran a los balcones y utilicé otros trucos secretos para despertar su interés. Las llevé al parque al final de la calle y hablamos de lo cerca que se encontraba. «¡Caramba! ¡Imagínense vivir cerca del parque!», les dije. «¡Debe de ser genial poder caminar de la casa al parque! ¡Estas personas son afortunadas!».

Te lo puedes imaginar. Poco a poco, al mantener a mis hijas conectadas con la visión motivadora y dejar que la experimentaran, la disfrutaran, la sintieran y se metieran en ella, las chicas estaban más cerca de aceptar un cambio de lo que se imaginaban. Cuando escucharon la noticia de que «nos mudamos», esta las impactó y, de inmediato, protestaron: «¡No!, no queremos mudarnos».

Pero al pensar en la casa de juegos, la piscina, el parque, sus habitaciones y las demás cosas, el cambio que debían enfrentar no era imposible de realizar como alguna vez lo fue. Ellas lo habían «palpado», y el cambio era lo suficientemente tangible como para realizarlo. Esto se asemeja a la necesidad de los jefes de ventas de llevar a sus vendedores para que experimenten los nuevos productos, los toquen y los perciban antes de que sientan la urgencia de venderlos.

Cuando las personas deben hacer un cambio, necesitan una motivación sostenible. Deben tener suficiente pasión por lo nuevo para poder terminar el pasado. De otra manera, cuando las cosas se pongan difíciles, querrán echarse para atrás y salirse del cambio.

¿Recuerdas la estrategia de Jack Welch para la poda? Si una empresa no podía ser la primera o la segunda en su mercado, tenía que ser arreglada, cerrada o vendida. Esa es la visión que debe guiar el trabajo futuro. Al implementar cualquier cambio, es esencial que mantengas en mente la visión de lo que quieres para así lograr crear un sentido de urgencia. Eso también crea inconformidad con la situación actual, es el estándar con el cual puedes juzgar la realidad diaria. Así nos mantenemos en movimiento hacia nuestra meta.

Existe una buena razón por la cual las empresas de ventas directas les recuerdan a sus empleados que se pueden ganar un premio por obtener las mejores ventas. También existe una buena razón para que el director general repita constantemente cómo será el futuro de la empresa, o para que una mujer mantenga la fotografía de un bikini Club Med en la puerta de la refrigeradora para así recordar que las vacaciones serán más divertidas si pierde treinta libras. Con esto, resulta más difícil abrir la refrigeradora.

Aunque se ha hablado tanto del concepto de *visión* y de las técnicas para visualizar un «buen futuro», tanto que a veces han caído en oídos sordos, existe una buena razón para ese uso excesivo. Los cerebros humanos están diseñados para crear lo que ven en el futuro. Nuestros recursos internos comienzan a alinearse con la realidad intrínseca para crearla. Es por ello que los grandes golfistas visualizan el tiro antes de golpear la pelota, o que los jugadores de la NBA visualizan la canasta antes de lanzar la pelota. También, es la razón por la que los directores generales comunican una y otra vez la visión de lo que la empresa debería ser. Cuando las personas ven la visión, pueden crearla. Si se comunica de manera frecuente, ¡las personas *pueden* crearla!

No obstante, a medida que la visión se comunica una y otra vez, también comienzas a darte cuenta de que no puedes alcanzarla a menos que las prácticas y las realidades actuales cambien. Tienes que ponerles fin. Por lo tanto, la visión empuja los cambios necesarios. No puedo tener B si estoy sujeto a A. De alguna manera, nuestras fuerzas conscientes e inconscientes trabajan para lograr lo que hemos visualizado. Esto ha resultado una y otra vez. La pregunta ¿qué estarás haciendo en cinco años? es más que una indagación para conocer más de una persona; puede ser una pregunta para diagnosticar lo que será.

Así que haz real esa visión, escríbela, habla sobre ella, establece recordatorios al respecto en tu vida personal y en tu organización. Cubre las paredes de tu empresa con fotografías de la nueva realidad. Cuando lo hagas, la realidad actual ya no será bienvenida.

Define fechas límite

Esto es un asunto complicado, pero, al mismo tiempo, no lo es. Es complicado porque las fechas límites funcionan por razones ocultas, y no lo es porque debería ser obvio. Las fechas límite hacen que los cambios sucedan cuando nada más lo logra. Pregúntale a un juez de bancarrota si las fechas límite tienen algún efecto, o a cualquier director general que se ha ido a bancarrota. A medida que se acerca el quince de abril, ¿se ha debilitado tu actitud dilatoria en lo referente a tu declaración de impuestos? Entiendes mi punto.

La parte complicada de este asunto tiene que ver con la estructura y el cerebro. Necesitamos la estructura para organizar la energía, contenerla y dirigirla para lograr algún efecto. Sería grandioso si todos tuviéramos el mismo nivel de disciplina de algunos líderes, pues mentalmente son capaces de establecer fechas límite todo el tiempo. Viven por ellas: «Hoy tengo que hacer esto o aquello». Las personas de alto rendimiento viven por un sentido de urgencia, que es necesario para lograr ese desempeño. Incluso escribir este libro es el resultado de haber establecido fechas límites mensuales para que yo escribiera cierto número de palabras o capítulos; de otra manera, nunca lo hubiera logrado.

Pero en aquellos aspectos que nos presentan mayor dificultad, por ejemplo, realizar cambios difíciles o dolorosos, es indispensable obtener fechas límite de una fuente externa. Necesitamos «implementar el cambio a más tardar el primero de enero, punto». Ese tipo de límite obliga que asumamos un sentido de urgencia y nos pongamos en movimiento.

En otros escritos, he relatado sobre un amigo que compró una empresa, cuyas ganancias llegaban a veinticinco millones de dólares y que él incrementó a quinientos millones de dólares gracias a un cambio que él estructuró al momento de comprarla. Le puso fin al ochenta por ciento de las operaciones que la empresa tenía, pues pensaba que «la vida verdadera» de la empresa estaba en el veinte por ciento de las operaciones. Aun cuando el ochenta por ciento de las operaciones eran productivas, él vio «los mejores capullos» en el veinte por ciento y podó el resto. ¿Cómo lo hizo?

Estableció una fecha límite para su equipo administrativo, a cuyos miembros les dijo que deseaba que el ochenta por ciento de las operaciones desapareciera para el primero de enero del siguiente año. En junio del año anterior les dijo que tenían seis meses para liquidar esos negocios. Ellos protestaron: «Perderemos dinero. No tenemos el tiempo suficiente para obtener el mejor precio». Pero él se mantuvo firme. *No se trata de obtener el mejor precio por aquellas cosas que no valoran. Se trata de hacer lo que* en verdad *valoran. Así que háganlo, sin importar lo que pase, para la fecha establecida. El tiempo es el factor más importante.* A veces, cuando extirpas un cáncer, brota mucha sangre.

Y entonces lo hicieron. Recuerda: «Pudieron haber tomado más tiempo *solo para seguir cosechando un poco más de lo que no querían*». Piensa en ello. Si comprendes lo absurdo del pensamiento, verás la necesidad de definir fechas límite. Si siempre ambicionamos tener más de lo que no queremos o de lo que no funciona, no entendemos el concepto de la poda en lo absoluto.

Define fechas límites para una persona y explícale cuáles son tus expectativas y demandas de manera que ella pueda responder. Asimismo, dile que si se pasa de esa fecha sin haber actuado, *tendrás* que realizar un cambio. Establece una fecha límite para que el desempeño de esa persona mejore, y dile que si eso no sucede, tendrá que irse. Define una fecha límite para que la unidad encargada de un negocio cambie, y diles a las personas responsables de la unidad que si no cambia la cerrarás. Establece una fecha límite para que una iniciativa se cumpla, o las personas que están a cargo no se responsabilizarán. Utiliza fechas límite para cualquier cosa que necesites cambiar, de esta manera encauzas tu tiempo y energía en una misma dirección.

Hace poco escuché a un líder explicarlo así: «Si tengo a alguien que no se sube a la ola de los cambios que necesitamos hacer, primero me reúno con él o con ella e intento comprender sus preocupaciones. Escucho a la persona y, con franqueza y todo mi empeño, trato de entender lo que dice. Si lo que la persona dice tiene razón, tomo los pasos necesarios, aun cuando eso signifique detener mis planes. Pero si no la tiene, y el grupo ha comenzado a trabajar sin que esa persona avance, converso con ella. Le menciono que entiendo que tenga algunas reservas y que lo respeto. *Pero no puedo permitir que ponga su pie en el freno mientras yo lo pongo sobre el acelerador.* Así que le digo que tiene treinta días para reflexionar si puede seguir con el cambio o no, y si no, lo entiendo y le deseo suerte. Pero si no puede subirse en la ola del cambio, tendrá que marcharse, pues no puedo permitir que pise el freno de forma constante».

Treinta días. Las fechas límite enfocan la energía como un rayo láser. Si son reales, hacen que nos movamos, y eso nos presenta otro aspecto.

Recuerda, una fecha límite sin consecuencias no es una fecha límite. Así que promete consecuencias para el cumplimiento y la omisión de las fechas límite, y haz que las consecuencias ocurran. Si la fecha límite es para ti, involucra a alguien más que tenga el poder de cumplir esas consecuencias en ti. Por ejemplo, puedes decirle a esa persona: «Aquí tienes un cheque por una gran suma de dinero. Si no he hecho x para la fecha establecida, eres libre de dárselo a alguien que no me agrada». ¡Eso duele!

Junto a tu equipo de trabajo, responde la siguiente pregunta: ¿para cuáles cambios necesitas establecer fechas límite?

Crea una estructura
Los cambios suceden cuando construimos una estructura que los impulsa. La estructura se conforma de tiempo, planes, decisiones críticas, objetivos, fechas límite, reuniones, asignación y provisión de recursos según los objetivos, consecuencias por no lograrlos y otros elementos. Entre más tiempo trabajo como consultor en liderazgo, más valoro la creación de una estructura que alinee las tareas vitales con el sentido de urgencia, y más valoro el deshacerse de la estructura que mantiene en marcha lo que no es vital.

Así que cuando quieras cambiar algo y tengas dificultades para hacerlo por tu propia cuenta, crea una estructura. Tal como en el proceso de cambio que mencioné antes, consigue un mentor externo, alguien que te haga rendir cuentas, un compañero, un equipo ejecutivo o alguien que esté dispuesto a llevar un proceso y hacerlo cumplir: un proceso estructurado, no uno en el cual puedas decir: «Lo haremos cuando tengamos tiempo». Nunca tendrás tiempo.

Después, añádele una estructura de tiempo al proceso para que te ayude a realizar los cambios. Así como en el caso de la mujer que cada semana se reunía con su grupo para ayudarla a terminar la relación con su novio, reúnete con alguien de manera frecuente para hablar sobre el proceso del cambio. Con eso evitarás «hacer las cosas cuando puedas», pues de ser así no lo lograrás, ya que existen fuerzas internas y externas que operan en tu contra para que no lo alcances. La estructura externa coloca los rieles por donde el tren puede pasar.

En cierta ocasión, calendaricé una reunión semanal por un cambio que un ejecutivo con quien trabajé deseaba realizar. Definimos objetivos específicos que su equipo de trabajo tenía que cumplir cada semana. Alineamos a las personas, las iniciativas empresariales, la estrategia y otros recursos en torno a esa agenda única. La estructura del plan con sus fechas límites hizo que la meta se alcanzara. Sin embargo, sin esa estructura, como ellos podrían contarte, el cambio se hubiera mantenido suspendido por un tiempo.

¿Cuánto deseas el cambio? ¿Lo suficiente como para crear un plan estructurado para lograrlo? Si es así, las probabilidades para cambiar lo que necesitas se incrementan. Pregúntale a cualquier cónyuge que durante años haya luchado con un adicto para que finalmente asistiera a las reuniones estructuradas y regulares de alcohólicos anónimos Al-Anon, y te dirá que precisamente esa batalla hizo posible el cambio necesario.

Esa necesidad de estructura se satisface por medio de cuatro tácticas que John Kotter menciona en su libro *Un sentido de urgencia* y que sirven para que las personas creen ese sentido. Esas personas, escribe Kotter, «se comportan con verdadera urgencia *cada día*. No solo repiten las palabras correctas a diario, sino lo que es aun más importante, hacen que sus actos coincidan con sus palabras. Lo hacen de la manera más visible posible, ante la mayor cantidad de personas posible y de forma que reduzcan su conformidad con el *status quo*, la ansiedad y la ira que llegan fácilmente después de un fracaso».

Kotter está en lo cierto al observar que ese comportamiento debe ser permanente «cada día». De otra manera, el cambio no se alcanzará, porque la ecuación de tiempo y energía de la que antes hablamos no sería lo suficientemente fuerte. La pregunta es cómo hacer eso «todos los días». Es mucho más probable que suceda cuando está calendarizado, con una estructura, presión de grupo y consecuencias, que cuando dependemos de personas que se resisten. Esto es así aun cuando se trata de nosotros mismos.

Pregunta: ¿qué estructura, tiempo, planes y otros factores necesitas crear para asegurarte de que los cambios sucedan?

Seguir con el sufrimiento
Tu cerebro no te dirige al sufrimiento, aun cuando el dolor es uno de los motivadores más intensos y dolorosos. Si les tienes fobia a los dentistas, a pesar de querer tener dientes sanos, evitas visitar la clínica si puedes masticar sin hacer una mueca de dolor. Pero cuando a las tres de la mañana te empieza a doler, vas al dentista ese mismo día. Los cambios son así. Tendemos a realizarlos cuando sufrimos mucho dolor. En la medida en que podamos mantenernos alejados de los cambios, no nos movilizamos.

Una vez, trabajé con el director general de una empresa tecnológica que necesitaba arreglar un problema de calidad en su empresa. Era tan importante que él ubicaba el problema en el primer lugar de su lista de prioridades para el crecimiento y el posicionamiento competitivo para los próximos cinco años. Cuando llegué a esa empresa, el director general tenía tres años de estar «enfocado» en ello, sin haber logrado ningún avance. La causa de todo eso era la desconexión entre el área de producción y el área de entrega y atención al cliente, aunada al enfrentamiento que suele darse en ese tipo de luchas. En parte, el problema radicaba en que esos departamentos se encontraban geográficamente lejos, a miles de millas de distancia entre sí, y no se reunían con frecuencia.

La estrategia del director general había consistido en reunirse con los ejecutivos de los departamentos, a quienes les había delegado arreglar el problema. Como parte de su estrategia, también les había explicado cuán importante era el problema y había dejado que ellos trabajaran en el mismo. Mientras tanto, el director general se enfocaba en las cosas que *le* infundían energía, y ciertamente el problema no estaba en esa lista. Sin embargo, los ejecutivos no hacían el trabajo, y, en ocasiones esporádicas, el director general se volvía a percatar de la importancia del problema y se ponía manos a la obra. En momentos como ese, los telefoneaba y les llamaba la atención por su falta de acción, sin embargo, muy poco sucedía hasta el siguiente contacto. Era el clásico liderazgo de «ignorar y seguir de largo».

Ellos no sentían la urgencia de hacer el cambio, y el director general no los guiaba por los intervalos de tiempo ni les dedicaba el tiempo y la energía necesarios. Se mantenía a una distancia cómoda, y no creaba un sentido de urgencia por salir del estancamiento y comenzar a progresar, sino que solo hacía rabietas dos veces al año. No obstante, era absolutamente vital para la misión que ese cambio sucediera. Así que diagnosticamos su problema y llegamos a la conclusión de que *él necesitaba crear un sentido de urgencia para sí y terminar el estancamiento*. Pero, ¿cómo lograrlo?

El problema principal era que él se encontraba muy lejos del dolor. Se había concentrado en las ganancias de la empresa, la adquisición de nuevos negocios y el mercadeo. De esa forma, en el día a día, que se convirtió en el mes a mes, prácticamente no tenía ningún contacto con el diente enfermo que podía destruir la empresa. Solo masticaba «con el otro lado de la boca». Por ello, decidí que necesitábamos crear una regla que lo forzara a masticar del lado donde dolía para que pudiera ir al dentista y sacarse el diente.

Hice que experimentara de primera mano los problemas del servicio. Observó el trabajo de los empleados en las filas de servicio al cliente. Dedicó tiempo para visitar y hablar con el personal de los centros de atención ubicados en las tiendas de venta al por menor y en las tiendas de descuento, y para escuchar los problemas que los grupos de trabajo enfrentaban con los clientes. Luego, el director general escuchó las respuestas que el personal de servicio al cliente recibía al intentar llevar el problema al área de producción para realizar los cambios necesarios. Era irritante. Por fin, al hacer todo eso, el director general se dio cuenta de todas las barreras que imposibilitaban los cambios, y decidió erradicarlas.

Al principio se enojó; por ello, le di un tiempo para relajarse ya que el enojo no consigue cambios permanentes. Cuando se hubo calmado, comenzó a reunir a los ejecutivos, con la idea de derribar los muros que se erigían entre las dos áreas y hacerles comprender los problemas desde ambas perspectivas. Por fin, el equipo de ventas entendió algunos de los problemas con los que los técnicos se enfrentaban cuando el personal de ventas les solicitaba «una sencilla reparación». Los técnicos comprendieron que las reparaciones muchas veces no funcionaban, y que su respuesta a las llamadas telefónicas de que las reparaciones «deberían funcionar» no servía de mucho. Al fin, entendieron el dolor de estómago que los representantes de servicio al cliente sufrían por los retrasos, pues eran ellos los que tenían que lidiar con las personas. De igual manera, entendieron el sufrimiento de los clientes. Este asunto *era de verdad* importante, pero se había estancado durante tres años. *Una de las razones era que los que podían cambiarlo estaban distanciados por completo del sufrimiento.* Es de gran ayuda cuando los técnicos salen del edificio de ciencias y conversan con los clientes.

Y entonces lograron un avance significativo. Cuando el director general experimentó el sufrimiento por su cuenta, pudo encontrar el dique que obstaculizaba el flujo del agua. En realidad se trataba de un ejecutivo que se oponía al cambio y permitía que los obstáculos no se removieran. Después de un proceso breve para arreglar ese problema con él y notar una escasa movilización de su parte, el director general tomó una de esas decisiones de «vida o muerte» para las empresas que Drucker menciona. Quitó al ejecutivo de su puesto, y todo cambió. Por fin, murió aquella esperanza falsa de que «todo estaría bien» solo porque el director general le había pedido a alguien que lo arreglara. Llegó al buen estado de desesperación, del que ya hemos hablado, y realizó un cambio necesario para solucionar el problema. Sin embargo, nunca lo hubiera logrado de haber *permanecido alejado del problema*. Tuve que hacer que cada día enfrentara el problema cara a cara hasta que se cansara de este y del daño que le causaba a su visión. Por fin hizo algo al respecto.

Pregunta: ¿de qué problema estás distanciado al punto de no percibir el dolor que necesitas sentir para motivarte a hacer cambios?

Evalúa, evalúa, evalúa
La necesidad de evaluar se encuentra íntimamente relacionada con permanecer cerca del sufrimiento. Todavía me sorprende lo fácil que nos resulta ignorar el tiempo transcurrido desde la última vez que evaluamos lo que más nos importa. Pensamos que lo hicimos ayer, pero fue hace meses. Creo que se debe a lo rápido que la vida y el trabajo marchan hoy en día, y a la excesiva cantidad de trabajo que recibimos a diario gracias al correo electrónico y al flujo vertiginoso de información. Tenemos demasiado trabajo que procesar y hacer. Cada día que pasa, los líderes de alto nivel enfrentan este problema cada vez más. Están abrumados. ¿Cómo luce la bandeja de entrada de tu correo electrónico?

Ya sea que se trate de una razón o una excusa, el paso del tiempo, desde la última vez que revisamos los signos vitales de aquello que consideramos lo más importante en nuestra vida, corre con más rapidez de lo que nos imaginamos. Eso lleva a la falta del sentido de urgencia. Cuando era parte del negocio de un centro de tratamiento psiquiátrico, cada otoño teníamos que incrementar nuestro personal y demás recursos orientados a los servicios para adolescentes, puesto que en ese tiempo los padres recibían los primeros reportes de calificaciones de sus hijos. Para muchos padres, esa era la primera vez, después de mucho tiempo, que se hacían una idea de cómo iban sus hijos en la escuela. Como resultado, sentían la urgencia de ponerle fin a la caída en su desempeño, y pedían ayuda. Por ello, me siento agradecido por los reportes diarios y semanales que la escuela de mis hijas me envía a casa. Me permiten tener un sentido de «urgencia» por sus estudios y otras necesidades. Es bueno revisar los signos vitales.

Es probable que no te des cuenta del paso de las estaciones o de la necesidad de podar las ramas porque no te has puesto a evaluarlas. Ese es el resultado de no ser omnisciente, pero también es la razón por la cual evaluamos las cosas que nos importan. Si existe alguna enfermedad o algo que no es necesariamente lo mejor y que al mismo tiempo está consumiendo recursos, podemos «arreglarlo, cerrarlo o venderlo». Si no evaluamos, nunca lo sabremos.

Sam Walton era famoso por sus sistemas de evaluación y monitoreo que le permitían mantenerse al tanto de los signos vitales. Si utilizas esa clase de disciplina, tu cerebro pronto interiorizará ese estado de conciencia, y sentirás la urgencia de mejorar el desempeño actual. Las investigaciones nos muestran que uno de los aspectos más importantes para lograr el mayor nivel de desempeño es la rapidez con que la persona recibe retroalimentación. Como norma, a mayor rapidez para brindar retroalimentación, se reporta un mejor desempeño. La retroalimentación ayuda a crear lo que la reconocida investigadora Mihaly Csikszentmihalyi denomina *el flujo*.

Así que mide y evalúa aquello que deseas hacer crecer. Conviértete en el jardinero inspector y lograrás tener un sentido de urgencia saludable para realizar cambios antes de que los problemas crezcan demasiado. Piensa en una limpieza dental en oposición a una endodoncia. Está bien tener un déficit planificado o un crecimiento lento, pues no todos los números tienen por qué ser positivos. A veces, las cifras negativas forman parte del plan, pero en esos casos cuentas con un plan intencional y no caminas hacia el desastre. Conoces la diferencia gracias a la evaluación diligente.

Utiliza la autoridad y toma una decisión ejecutiva
Estuve hablando con un director general experimentado sobre el asunto de crear un sentido de urgencia, y concordó conmigo sobre la importancia de

las técnicas que hemos mencionado. Pero él agregó una importante: «A veces, tienes que volverte autoritario. Es por eso que me gusta estar a cargo». Luego me explicó su punto: en ocasiones, los equipos de trabajo afrontan dilemas. No les gustan las soluciones a la vista, así que prefieren quedarse donde están sin moverse. Cuando eso sucede, dijo, tienes que tomar una decisión ejecutiva. Yo asentí.

Me comentó sobre un problema que se había presentado en su cadena de tiendas. Durante un período de declive, las ventas se habían estancado en el punto más bajo, sin mejora alguna. Revisó la situación con el departamento administrativo, cuyos miembros le contaron las cosas grandiosas que estaban haciendo (en verdad las hacían): hazañas de mercadeo, creatividad, búsqueda de clientes, actividades motivacionales y cosas por el estilo. Hacían todo eso, pero aun así no vendían. Por lo tanto, para ese vendedor experimentado, el problema solo podía significar una cosa: *el precio*. En su opinión, si algo no se vende es porque el precio es demasiado alto, así que se movilizó de inmediato.

Llegó a la división y le anunció al personal que recortarían los precios. Ellos se rebelaron: «¡No! No podemos hacer eso. Echaremos a perder nuestro balance, nuestras relaciones financieras, nuestros márgenes…» El gerente general dijo que ellos tenían muchos motivos para no cambiar el precio, pero que el mayor peligro era que dentro de seis meses estarían sentados ahí con todo el producto en inventario y en verdaderos aprietos. Así que les dijo: «Córtenlo», y les pidió que lo hicieran por un buen margen. Ellos lo hicieron, y las ventas se reanudaron.

Como él dijo, el cambio nunca hubiese ocurrido si no hubiera utilizado su autoridad para tomar la decisión ejecutiva que nadie quería escuchar. En algún momento, si eres líder, tendrás que liderar aun cuando nadie quiera seguirte. A pesar de que podemos ponernos de acuerdo, en ocasiones tendrás que tomar el volante y ejercitar tu autoridad. Hay momentos en que el sentido de urgencia no aparece sino hasta que el alguacil llega al pueblo.

Cuando la urgencia se vuelve normal

Crear un sentido de urgencia por los cambios es vital en el uso de tu tiempo y energía. Si esos son tus principales recursos, que por cierto siempre lo son, desperdiciar el tiempo sin crear un sentido de urgencia por el cambio es una carta segura para que tu futuro sea el mismo de siempre. Si hoy día el estancamiento es la norma, impulsa un sentido de urgencia de manera que la acción se convierta en la norma.

Capítulo 9

Resistencia: Cómo enfrentar las barreras internas y externas

«No sé qué pasa», dijo Seth. «Sé que existen asuntos vitales para nuestra misión y reconozco que debo llevarlos a cabo. Me siento motivado para hacerlos, pero, de alguna manera, dejo las cosas para el último momento. Es una especie de estancamiento, aun cuando sé que sería bueno hacerlas. No sé por qué no hago lo que necesito hacer».

Probablemente existen pocos consultores o tutores en el área del liderazgo o del desempeño que no hayan sostenido este tipo de conversaciones. Muchas personas sienten la necesidad de salir del estancamiento, y por una buena razón. Hemos visto muchos motivos por los que experimentamos el estancamiento, y en el capítulo anterior hablamos de cómo enfocar nuestra energía para superarlo y avanzar con un sentido de urgencia. Sin embargo, cuando hablamos de tiempo, todavía tenemos un problema pendiente para que las cosas funciones bien: la resistencia. En ocasiones, puedes ponerte en marcha con mucha energía para luego volverte a estancar, o, en el mejor de los casos, para reducir la velocidad. En el ínterin, se pierde tiempo valioso.

DESEOS INCOMPATIBLES
En el capítulo anterior, vimos cómo un director general tuvo que tomar una decisión ejecutiva y superar la resistencia que su equipo administrativo tenía ante el recorte de precios. Al hablar conmigo sobre esa situación, mencionó que a los miembros del equipo les preocupaba el efecto de la reducción de precios en sus márgenes de ganancias. Ellos esperaban y se

habían comprometido a lograr una tasa de rentabilidad como una manera de medir el éxito.

El problema era evidente: *tenían dos deseos incompatibles*. Deseaban incrementar las ganancias, lo cual no lograban pues no vendían a causa de los precios; y también deseaban obtener cierta tasa de rentabilidad. Ambas metas eran importantes, pero en la situación en la que se encontraban, no podían cumplirlas. Podían realizar ventas, pero eso sería a costa de las ganancias, pues para lograr las ventas tenían que reducir los precios. Esa era la realidad.

Al ver esto con claridad, al director general le resultó fácil tomar una decisión ejecutiva. Si no tienes ventas, no tienes negocio. No obstante, los miembros del equipo estaban tan atados a un desempeño financiero específico que no podían vender nada en absoluto. Por lo tanto, el deseo de lograr las cifras y el deseo de las ganancias eran incompatibles en ese momento. Como resultado, estaban estancados. Los deseos incompatibles son la fórmula para la resistencia.

Hacer que las personas vean la cruda incompatibilidad de ciertos deseos es la manera como, por fin, pueden salir del estancamiento. Hace poco conocí a una mujer soltera que se definió a sí misma como estancada. Tenía una relación amorosa que no representaba todo lo que ella deseaba, y sufría de insatisfacción crónica. Su novio no tenía el «impulso» que ella buscaba y que consideraba esencial para poder «respetarlo». Ese hombre no era de ese tipo. Así que cuando le pregunté por qué no buscaba el tipo de hombre que ella deseaba, me dijo:

—Porque lo quiero a *él*, lo amo a *él*.

—Pero pensé que querías a alguien más emprendedor, un hombre triunfador —le respondí.

—Sí, sé que eso es así. Pero él es tan maravilloso en otros aspectos, y lo amo. También, quiero estar con él —dijo.

—¿También? —pregunté.

Ella se dio cuenta de que estaba atrapada tan pronto escuchó la palabra *también*. Ese es el problema: en ocasiones, deseamos dos o más cosas que no pueden coexistir. Ella deseaba estar con un triunfador y, al mismo tiempo, quería estar con su novio. Sin embargo, no podía obtener ambos deseos, y al aferrarse a los dos no podía lograr ninguno. A veces, hacemos esto con una persona o incluso con un empleado. Puedes pensar: «Necesito un empleado de alto rendimiento, pero deseo trabajar con Joe». Bien, decídete, ya que no puedes tener a ambos. Si quieres un empleado de alto rendimiento, no será Joe; y si tienes a Joe, no tendrás un empleado de alto rendimiento.

Aquí tienes algunos ejemplos de deseos incompatibles:

- Quiero hacer que el equipo de trabajo avance, pero no quiero tener que lidiar con el conflicto que esto implica.
- Quiero obtener los márgenes de ganancia que necesitamos, pero también me gusta la antigua línea de productos que dejaba pocas ganancias.
- Quiero a una persona de alto rendimiento en este puesto, pero quiero contar con las habilidades sociales de Suzy.
- Quiero reunirme con el equipo frecuentemente, pero deseo trabajar en casa.
- Me gustaría tener el desempeño más alto de la empresa, pero también deseo pasar tiempo en casa con mis hijos.
- Quiero pasar más tiempo con mis amigos, pero también deseo cuidar mi matrimonio.
- Deseo lograr más para alcanzar mis objetivos, pero quiero tener más tiempo libre.
- Me gustaría invertir mi dinero, pero deseo comprarme un automóvil nuevo.
- Me gustaría comerme todos los bizcochos de chocolate, pero deseo que me queden bien los bluyines.

Parte de la madurez consiste en tomar la decisión de renunciar a un deseo para alcanzar otro. La mente inmadura «lo quiere todo». No obstante, las cosas más valiosas cuestan. Para ganar algunas cosas, tenemos que dejar otras.

Así que si experimentas resistencia ante algún cambio, analiza si existen dos o más deseos en conflicto y admite que solo puedes tener uno. Luego, responde lo siguiente;

¿A cuál estoy dispuesto a renunciar para obtener el otro?

NO TE ATES A UN RESULTADO ESPECÍFICO

Al conversar con el director general que le había pedido a su equipo que disminuyera los precios, noté una cualidad que ya había visto en él y se la recalqué:

—Hablabas de ir y tomar una decisión ejecutiva, como si esa era la única forma para hacer que las cosas funcionaran. Pero hubo otra cosa esencial. ¿Sabes cuál fue?

—No, ¿qué quieres decir? —respondió.

—Es una cualidad que ya había visto en ti y que creo es la clave de tu éxito. *Es tu habilidad de no atarte a un resultado específico.* Una persona es capaz de reducir los precios o hacer cualquier otro movimiento *solo* si es libre y si no se ata a un determinado resultado, por ejemplo, los márgenes de ganancia. De otra manera, la persona se estanca. Eres capaz de tomar la decisión correcta porque no estás fuertemente atado a una determinada forma de solucionar las cosas. Aun cuando deseas un resultado determinado, te mantienes flexible, haces lo correcto y no permites que tu preocupación interfiera en el camino —le dije.

—Caramba, *quizá ese sea el aspecto más importante*. No puedes atarte a ningún resultado específico. Si lo haces, jamás serás capaz de hacer lo mejor para el bienestar y el futuro de la empresa, pues hacer lo correcto a veces puede poner en peligro todos los resultados potenciales —respondió.

—¿Tuviste esta cualidad desde que fundaste la empresa o te volviste más seguro en torno a ella al mermar tu necesidad de que un negocio en particular sucediera? —pregunté, con la curiosidad de si su amplia riqueza le permitía esa libertad o si era al revés. En otras palabras, ¿era su cualidad la que había permitido su éxito y fortuna o se tomaba la libertad de hacer lo correcto porque podía costearlo? Su respuesta confirmó mis ideas preconcebidas.

—He sido así desde mi niñez. Es un valor familiar. Haz lo correcto, toma la mejor decisión, «y deja que las cosas salgan como salgan». De otra manera, te desviarás. Siempre he sido de esa manera.

En ese momento, pude ver la película en mi mente e imaginar todos los resultados que se derivaban de una actitud como esa. Pensaba en las múltiples negociaciones en las que ese hombre había sido capaz de mantenerse firme y negarse a ceder en aquellos aspectos que pudieron haber sido negativos para él y para su empresa, simplemente porque *no tenía que hacer que el negocio se concretara. No estaba atado a un resultado. Podía salirse a cualquier hora si las condiciones no eran favorables.* Eso es poder, el poder de no hacer algo destructivo pues eres tan libre de la necesidad de un resultado determinado que no te ves forzado a tomar decisiones equivocadas.

Pude imaginar los malos negocios que dejó y las personas con quienes tuvo que ser firme pues no tenía la necesidad de un resultado específico, ni de hacer que un negocio determinado funcionara; y como resultado, había logrado evitar posiciones desventajosas y asegurarse las ventajosas. Esta es una verdad fundamental de los cambios: *tienes que ser capaz de enfrentar la realidad de dejar algunas cosas que podrías querer para tener la libertad de hacer lo correcto. Si no, te quedas estancado.*

En nuestra conversación, me confirmó cuán cierto era este principio para él, no solo en los negocios, sino también en su vida personal. Recordó un momento de su vida, hacía muchos años atrás, donde se encontraba en una encrucijada en una relación personal. En ese entonces, tuvo que tomar una decisión similar sin saber cuál sería el resultado e ignorando cómo dicha decisión solidificaría la relación, la cual siguió durante muchos años. Tenía un socio en los negocios con quien tuvo que definir la situación: «Dedícate de manera exclusiva a nuestro negocio, de lo contrario ya no seré tu socio». No pudo haber dicho algo así a menos que estuviese libre del resultado, así, tenía que estar dispuesto a dejar ir a su socio. De la misma manera, si el cónyuge de una persona adicta se encuentra atado fuertemente a su presencia, no podrá hacer lo correcto ni decir: «Deja las drogas o vete de este lugar». Tienes que ser capaz de dejar ir algo, y a veces, a alguien, como consecuencia de las decisiones correctas que tengas que tomar. «Necesito que te comprometas, si no puedes irte».

Esta es otra manera de decirlo: no puedes hacer lo prudente si no puedes levantarte y caer por ello. A menudo, en los cambios necesarios, tienes que estar dispuesto a renunciar a algo o a dejarlo ir para ganarlo. Si existe un patrón destructivo en una relación, por ejemplo, y quieres ponerle fin, pero te rehúsas por temor a que la otra persona se marche, estás estancado. Tal como el director general dijo, tienes que ser capaz de «dejar que las cosas salgan como salgan».

A veces, las personas se marchan, los clientes se van, otros se decepcionan y las alianzas se rompen; con frecuencia, se trata de grandes pérdidas. No obstante, a largo plazo, permanecer estancado puede ser más destructivo. Estar divorciado de un resultado específico es una de las características que las personas con excelente desempeño tienen en común. Esta es la pregunta:

> *¿Qué resultado en particular no estás dispuesto a sacrificar para alcanzar tu visión del futuro?*

PENSAMIENTOS MEDICINALES

¿Alguna vez has tenido un amigo que acumula objetos? Probablemente, conozcas muy bien la resistencia de esa persona cuando le pides que se deshaga de algo que no sirve para nada más que ocupar espacio en el garaje. ¿Por qué acumulan las personas aquellas cosas que deberían tirar a la basura? Por lo general, es por uno de estos dos pensamientos: *podría necesitar esto* o *lo echaré de menos si lo tiro*.

Imagina el escenario de un amigo que ayuda a otro a limpiar el ático o el garaje. Puedes escuchar una conversación como la siguiente:

—Mira esto, botemos las cosas de esta caja. Ya no las utilizas.

—No, quiero conservarlas —responde el acumulador de cosas—, no las tires a la basura.

—¿Desde hace cuánto no utilizas estas cosas? —le pregunta el amigo.

—No lo sé, quizá unos veinte años.

—Entonces, ¿por qué no las tiras a la basura?

—Porque podría necesitarlas.

En el mismo escenario, también podrías escuchar una conversación como esta:

—Tiraré esto, solo es basura —dice el amigo.

—¡No lo hagas! Ese fue el primer pañal de Johnny. ¡Lo echaré de menos! Me recuerda lo hermoso que era de niño.

El pensamiento que hace que tu amigo sea un acumulador de cosas es este: *Amo ese objeto, y lo echaré de menos si ya no está.* (Por cierto, para eso son los recuerdos... De esta manera, no tienes que guardar todo.)

Esos dos pensamientos: *podría necesitar esto* o *lo echaré de menos si lo tiro*, son ejemplos de «pensamientos medicinales». Para los acumuladores de cosas, los pensamientos medicinales bloquean la ansiedad que proviene de tomar la decisión de dejar ir aquello a lo que están aferrados. Experimentan la ansiedad cuando llega el momento de la verdad, y saben que es tiempo de hacer cambios. Sin embargo, se liberan de la ansiedad al brindarse una buena razón para no hacer nada. Piensan: «Puede que necesite eso; es lógico que lo guarde», o «ya que lo echaré tanto de menos, tiene que quedarse aquí. Nadie tiraría a la basura algo que es tan valioso como para mí lo es el pañal». Luego, va de regreso a la caja, y la ansiedad desaparece hasta la próxima vez. ¿Desde cuándo «echar algo de menos» es la regla para definir el valor de las cosas?

La mentalidad del acumulador no solo prospera en los garajes sino también en las empresas y en la vida de las personas.

Recientemente, conversé con un ejecutivo que se había enfrentado a su equipo administrativo, pues él deseaba cerrar una división de la empresa que, según sus palabras, ni ganaba ni perdía. Dijo que su equipo siempre se las había arreglado para encontrar fondos para que la división se financiara sola, pero que era evidente que esa unidad «en realidad no tenía futuro y no era esencial en sus operaciones. Sin embargo, estaba distrayendo la atención de algunas personas clave, y necesitábamos que ellas se enfocaran en lo que verdaderamente era esencial y tuviera futuro».

—¿Por qué no querían rendirse? —le pregunté.

—Porque creían *que la unidad aún podía generar dinero, y ya que no estaban perdiendo dinero con ella, debían mantenerla para ver si las cosas cambiaban* —respondió.

—El clásico comportamiento del acumulador en los negocios —agregué—. Los acumuladores siempre dicen «podría necesitar esto» de alguna manera u otra. Este es un ejemplo de personas acumuladoras en los negocios. «Podríamos necesitar ese negocio el próximo año si las cosas cambian». Esto es como si dijeras: «Si tuviéramos jamón, haríamos huevos con jamón, si tan solo tuviéramos huevos». Lo único que mantiene las cosas en marcha es un *podría* o un *si*, y no hay una razón que los apoye.

—Exacto —respondió—. Les dije que se deshicieran de la división y se enfocaran en lo real. No había lugar para un *podría*.

Él había logrado miles de millones de dólares en ganancias, y yo había sido testigo de la limpieza del garaje de su casa. Probablemente, la misma cualidad había permitido que ambas cosas sucedieran.

El punto es que cuando el tiempo de implementar un cambio necesario llega, las personas se resisten y echan mano de muchos sentimientos reconfortantes que las calman y eliminan todo sentido de urgencia. La urgencia que sienten al ver la realidad las acerca al momento de jalar el gatillo, y eso hace que se sientan ansiosas. Así que para liberarse de esa ansiedad, se convencen de no hacer nada: «Podría necesitar eso, a él o a ella».

De la misma manera, si quieres concluir un proceso, necesitas observarte a ti mismo cuando dices esas frases y tomar conciencia de las formas en que te autoengañas. Aquí te presento las más comunes:

«*Lo haré más tarde*»

La expresión *más tarde* es una de las drogas más abusadas a nuestra disposición. Pocos pensamientos medicinales pueden liberarnos de la ansiedad proveniente de una acción difícil que cuando nos decimos a nosotros mismos que la haremos «más tarde». Ese pensamiento hace que todo desaparezca. ¿Por qué? Porque cuando lo expresamos, pensamos que en verdad *lo haremos* «más tarde» y sentimos el alivio momentáneo de ver el problema resuelto sin molestarnos por implementar algún cambio. Así, la persona que se atiborra de comida durante las fiestas de fin de año se consuela con el pensamiento de que *después de la fiesta de año nuevo, comenzaré la dieta. No hay ningún problema en comer todo esto ahora, ya que después perderé peso. ¡Que venga enero!* En su mente, «más tarde» puede darse por acabado; pero «enero» nunca llega.

A menudo, los líderes hacen lo mismo al enfrentarse cara a cara con una decisión empresarial difícil. Se convencen a sí mismos de la necesidad de tomar la decisión y de saber que es necesaria; pero se dicen a sí mismos que la tomarán «después de que hayan terminado el nuevo lanzamiento. Esa es la prioridad número uno ahora». De ahí que experimentan bienestar por tomar esa acción *en sus mentes,* puesto que planifican realizarla y se sienten aliviados. Pero la realidad es que la acción no está resuelta, y la próxima vez que aparezca en el radar, utilizarán el mismo truco de resistencia por lo que el cambio nunca ocurrirá. Es solo una maniobra.

Las personas que se hallan en una relación difícil encuentran muchas formas de jugar con la carta de «más tarde». Cuando descubren que algo debe cambiar, calman su insatisfacción interna con el pensamiento de que *ciertamente* lo arreglarán más tarde, «no hoy. Lo haré cuando llegué el momento correcto».

Cuando te encuentres cara a cara con la realidad y te des cuenta de que necesitas realizar un cambio, toma nota cada vez que te digas a ti mismo alguna versión del «más tarde». Estas son algunas preguntas que necesitas responder:

- Si lo harás «más tarde», ¿cuándo será? Establece una fecha.
- ¿Cuál es la verdadera razón de posponer? ¿Qué información específica esperas, la cual es absolutamente necesaria para realizar algún movimiento? O ¿qué debería suceder antes de que hagas algún movimiento? Si en verdad no existe ninguna contingencia, entonces, ¿por qué estás esperando?

Si vas a esperar, establece una fecha límite y haz que otra persona sepa de tu decisión. Pídele que te haga rendir cuentas en la fecha que has dispuesto. Si es posible, establece consecuencias. Analiza los costos por esperar e investiga de forma directa las pérdidas exactas que tendrás que pagar por esperar ese tiempo extra, sea en dinero, energía, oportunidades desaprovechadas o sufrimiento. Luego, todos los días, firma un contrato contigo mismo que diga: «A cambio de no hacer esto hoy, pagaré la siguiente suma». Posteriormente, haz una lista de todos los costos, de todas maneras los tendrás que pagar si esperas, así que perfectamente los puedes tener por escrito. Este es también un buen ejercicio que puedes hacer con tu equipo. Cuando las personas se opongan a alguna decisión, haz que todos, como grupo, firmen la lista de pérdidas.

Memoria selectiva

—¿Por qué no le dices que quieres terminar con él? —le pregunté a Mónica en referencia a su novio, Stan—. Siempre me hablas del mismo asunto, simplemente no desaparece.

—Lo que sucede es que él tiene cualidades maravillosas —respondió—. Existen muchas cosas que amo de él.

—¿Por ejemplo?

—Bueno, su sentido del humor y su encanto. Todavía me emociono tan solo por tenerlo cerca. Me siento tan atraída —dijo.

—Sí, lo sé —le dije, con empatía—. Y cuando están juntos, ¿qué sucede?

—La pasamos muy bien —respondió—, por eso me resulta difícil dejarlo.

—¿Por cuánto tiempo la pasas bien? —insistí.

—El tiempo que él está conmigo. Luego, cuando nos volvemos a reunir.

—Y ¿cuándo es eso? —le pregunté.

—Demasiado tiempo... —dijo, y su respuesta mostró la verdad de que Stan aparecía en su vida con un romance y una inversión de carácter temporal para luego ser totalmente inalcanzable para cualquier acción sostenible que permitiera edificar una relación verdadera.

—Y luego, ¿qué sucede? —volví a preguntar, sabiendo la respuesta de antemano.

—Ya se lo dije. Lo llamo y le expreso que me siento ignorada; él se enoja, se pone a la defensiva y me dice que lo estoy ahogando —afirmó.

—Y muestra la misma reacción cada vez que quieres hablar con él sobre cualquier otro asunto. Se pone a la defensiva si lo llamas.

—Sí, así es —asintió.

—La realidad es que todas esas cualidades maravillosas que extrañas *solo son una parte de él*. Coexisten con muchas otras cualidades que hacen imposible sostener una relación con él. Una y otra vez, te das cuenta de ello, te deprimes y luego entiendes que no puedes seguir de esa manera. Así que decides terminar. Después, caes en la trampa —le expliqué.

—¿Cuál trampa? —preguntó.

—La trampa de «solo pensar en sus cualidades buenas». De esta manera, no tienes que terminar la relación. Cada vez que piensas en terminar, comienzas a extrañar a una persona que no existe, el Stan con solo sus buenas cualidades. Si así fuera, no te sentirías tan insatisfecha.

»Sin embargo, la persona que extrañas, el hombre con cualidades maravillosas *no existe en la vida real*. El verdadero Stan, el que tiene esas buenas cualidades, es el mismo que te frustra de continuo por su falta de compromiso, sus otros problemas y defectos. Él tiene otras características aparte de las que te gustan. Es un todo, y ese es el cuadro completo, te guste o no. No obstante, solo te enfocas en las cosas buenas. Tienes una memoria selectiva al considerar terminar con él. Extrañas a una persona que no existe y piensas: *no puedo terminar con él, es una persona maravillosa*. Sin embargo, el ser maravilloso no representa el cuadro completo».

Esta reconocida defensa psicológica ocurre cuando las personas no pueden renunciar a alguien o a algo con lo cual están involucradas. Idealizan el objeto de su amor perdido o a punto de perder, en lugar de verlo como un todo. Solo se enfocan en la parte que les complace, y no consideran los defectos que neutralizan las buenas cualidades. Así que nunca están listas para terminar algo, pues sienten que lo que están dejando ir es maravilloso. La frase «él es maravilloso» en realidad debería ser: «Él es maravilloso, pero también es infiel y un sinvergüenza. No puedo vivir con todo eso».

A veces las empresas hacen lo mismo con los empleados y las divisiones. Solo miran el potencial o las buenas cualidades que les encantan y las emocionan, y logran encontrar la manera de negar la realidad de todas las desventajas, en especial, los costos. Entre más cerca están de tomar una decisión, más se enfocan en el lado positivo del libro de contabilidad y se olvidan del cuadro completo. La resistencia aparece en medio de negociaciones internas que buscan la manera de hacer que las cosas funcionen a fin de no perder todo lo bueno que les encanta. Regatean consigo mismas para evitar la pérdida.

La verdad es que has negociado esas situaciones miles de veces, y si las hubieras solucionado para esta fecha, ya estarían resueltas. Para superar la resistencia, debes mantener el cuadro completo delante de tus ojos. Enfócate en el todo del asunto. «Sí, él es talentoso, y para mantener su talento necesitamos un ambiente horrible. ¿Queremos *ambas cosas*?».

Estas son las preguntas:

- Entre más cerca estés de tomar una decisión, ¿te enfocas en los aspectos positivos y sientes, con anticipación, que los echarás de menos?
- ¿Olvidas o pierdes de vista los aspectos negativos?
- ¿Minimizas los aspectos negativos?

Si tu resistencia proviene de este mecanismo de defensa, prepara tu mente para enfocarte en el cuadro *completo*. Concéntrate en todos los aspectos de la persona, la empresa o la situación. Mantén los aspectos negativos enfocados, no dejes que desaparezcan y serás capaz de retener el sentido de urgencia para avanzar con más rapidez.

LA PARADOJA DE LA «VISIÓN COMPLETA»

Mi énfasis de ver el cuadro completo puede parecer que sugiero cero tolerancia para alguna relación, empleado, empresa o cualquier cosa que estropee el cuadro. En otras palabras, «si él, ella o eso tiene características negativas, necesitamos realizar un cambio y encontrar una mejor versión de él, ella o eso».

De hecho, estoy diciendo lo contrario. Las mejores relaciones y las más duraderas, así como las mejores empresas, son aquellas en las que las personas involucradas ven y aman el cuadro completo: lo positivo y lo negativo. Por ejemplo, en el matrimonio tienes que amar a la persona tal como es, su ser completo, con sus verrugas y todo lo demás, y mantener un compromiso positivo. No obstante, eso solo ocurre cuando las personas tienen la capacidad de ver el cuadro completo y aun así mantener vivo el amor. No significa que no reparamos en las verrugas, sino que nos sentimos BIEN en el esquema completo de las cosas.

Ver el cuadro completo es también una habilidad que les permite a las personas dejar ir las cosas que tienen que dejar ir. La madurez de discernir cuándo permanecer en una relación o una situación y cuándo salir es la misma. Debes ser capaz de ver la realidad completa en ambas situaciones: la que retienes y la que no retienes. De lo contrario, no podrás tener relaciones duraderas ni tampoco podrás terminar las inadecuadas. Si vemos la situación como un todo y nos encanta, eso es grandioso. Quiere decir que estamos dispuestos a lidiar con los aspectos negativos para afianzar los positivos. Eso es compromiso. Por el contrario, si vemos el cuadro completo y no nos encanta, necesitamos un cambio, pues los defectos podrían destruir la relación. Es la misma habilidad con diferentes resultados.

Las empresas, por ejemplo, prosperan solo cuando su liderazgo puede ver los buenos aspectos y el potencial, y, al mismo tiempo, aceptar los obstáculos y los problemas que deben ser resueltos para hacer que el potencial fructifique. Ese es el liderazgo maduro: la habilidad de ver y trabajar con el cuadro completo.

Cuando una persona puede ver el cuadro completo y es capaz de trabajar con él tal como es, el éxito duradero ocurre. Por ejemplo, hablemos de los romances de Hollywood. Los tabloides relatan cómo una pareja famosa descubre en el set de filmación que son «almas gemelas», y la historia cuenta lo hermosa que es la relación y cómo durará para siempre. Seis meses después, el mismo tabloide relata el rompimiento de la relación perfecta. ¿Por qué? A menudo, porque ocurre una idealización romántica al inicio de la relación. Cada quien se enamora de una fantasía sobre el otro, solo pueden ver los aspectos positivos de su pareja e ignoran los negativos. Luego, cuando las características no tan perfectas aparecen, ¿qué sucede? Olvidan los aspectos positivos de los que se enamoraron y son incapaces de lidiar con la decepción. En lugar de entender el hecho de que su relación tiene algunas fallas, y en lugar de trabajar para solucionarlas, implementan un cambio innecesario.

Muchos fracasos personales y empresariales vienen por esta dinámica: cada una de las partes idealiza en exceso a la otra y bloquea los aspectos negativos, para más tarde ver solamente lo negativo e ignorar lo positivo. Al final, una o ambas partes sienten el impulso de romper con todo. Eso no es madurez. La madurez siempre ve lo positivo y lo negativo, y lidia con todo eso. A veces, la suma de todo es lo «suficientemente buena», pero en ocasiones no lo es, y un cambio se vuelve necesario. A menos que realmente veas el cuadro completo, no sabrás con certeza en qué situación te encuentras y sufrirás los aspectos positivos falsos y los aspectos negativos falsos.

RESISTENCIAS EXTERNAS

La mayor parte de lo que hasta ahora hemos visto tiene que ver con resistencias internas, las que vienen de nuestra propia mente. Sin embargo, recuerda que solo porque no eres paranoico no quiere decir que no te persigan. La mayoría de las veces que intentas realizar un cambio de algún tipo, habrá personas dentro de tu círculo que pelearán por este o intentarán retrasarlo. Tienes que estar alerta para cuando eso ocurra, admitir que es inevitable y lidiar con ello. De lo contrario, los demás estarán en control de tu vida y tus decisiones.

Las resistencias externas son aquellas que vienen de otras personas. Sus preguntas y desafíos no son precisamente la ayuda que esperarías de un buen confidente. En ocasiones, las personas en nuestra empresa y vida personal que se preocupan por nosotros, de hecho, nos detienen o estorban para tomar aquellas decisiones que no consideran convenientes para nuestro bien. Ya sea que tengan razón o no, actúan de acuerdo a lo que creen mejor para nosotros. Ese no es el tipo de resistencia al que me refiero. Hablo de la resistencia que viene de personas con motivos ocultos y de autoprotección así como de las agendas personales. Veamos algunas de esas resistencias u opositores.

Opositores ensimismados

A veces las personas ofrecen resistencia porque tu decisión las afectará de alguna manera y porque no desean ese cambio. Por ejemplo, cuando un director general aparece un día y dice: «Tenemos la oportunidad increíble de adquirir la compañía XYZ, ¡hagámoslo! ¡Triplicaremos nuestro tamaño, y eso nos impulsará en dirección a nuestra visión! Este es el día que hemos estado esperando». Luego, alguien levanta la mano y pregunta: «Si nos mudamos, ¿quiere decir que perderé la vista desde mi ventana?».

Aunque ridículo, este ejemplo nos ilustra lo que sucede cada día. Muchas veces, habrá cambios que afectarán a alguien, y esa persona no tendrá el carácter para poner a un lado sus intereses y ver lo que es bueno para la empresa y la misión. De manera pasiva o activa, esa persona tiene una misión de sabotaje y no se preocupa por ti.

Ese tipo de persona puede parecer amigable y puede ofrecerte un «consejo» para «ayudarte», sin embargo, en realidad es un lobo vestido de oveja. Te advertirá de todas las posibles desventajas, de todo lo que podría salir mal, de lo que perderías y cosas por el estilo. En verdad, hay momentos en los que necesitamos ese tipo de consejo, pero este no es uno de ellos. En la situación a la que me refiero, no existe consejo alguno, sino un intento de evitar que avances.

Opositores amenazados
En otras ocasiones, la resistencia viene por parte de alguien que se siente amenazado por lo que estás haciendo. Por ejemplo, cuando un alcohólico comienza a volverse sobrio, sus amigos intentarán hacer que regrese con ellos para parrandear, porque lo ven realizar los cambios que saben que ellos mismos necesitan, pero a los cuales temen. Así que intentan eliminar la amenaza del cambio frente a sus ojos al tentar a su amigo para que vuelva a ser como ellos.

Ya sea en la empresa o la vida personal, cuando haces algo difícil pero valioso, eso confronta a las personas con sus propias vidas. Todos sus temores se activan, y pronto intentarán decirte las cosas que ellas mismas se dicen: «Nunca funcionará. Conozco a muchos que han intentado hacer lo mismo, pero al final se arrepintieron». La verdad es que están paralizadas, y tú no lo estás; así que les pones un espejo enfrente donde pueden ver su reflejo. De manera inconsciente, se dan cuenta de que *si ella puede hacerlo, yo también podría. Pero tan solo de pensarlo me da miedo. Creo que la convenceré para que no lo haga, y así ambos nos sentiremos cómodos otra vez.*

Por lo tanto, presta atención a esos opositores. Escúchalos, sopesa sus razonamientos, pregúntales por qué se sienten de esa manera. También, indaga cómo se sienten respecto a lo que sucederá si tú *no* realizas el cambio necesario, y presta atención a lo que digan cuando les «pongas la película». Pregúntales: «¿En serio quieres que eso me suceda?». Fíjate si pueden verte a los ojos y desearte eso. Agradéceles por sus opiniones, y luego diles: «Entiendo por qué te sientes de esa manera, pero tengo una conclusión diferente. Necesito hacer esto por mí (o por nosotros o por la empresa)».

Los no no
Me encanta la clasificación que John Kotter hace para cierto tipo de personas a quienes llama los *no no*. Kotter los contrasta con los escépticos. Los escépticos se oponen al cambio porque tienen dudas y problemas reales

respecto al mismo, sin embargo, están abiertos al convencimiento. Lo *no no*, dice Kotter, son «asesinos diestros del sentido de urgencia; si no pueden socavar los intentos por cambiar el *status quo*, crean ansiedad, ira y una cantidad de actividades inútiles asociadas con un falso sentido de urgencia» (John Kotter, *Un sentido de urgencia*). En otras palabras, se disponen contra el cambio, y bajo ninguna circunstancia abren sus mentes para cambiar.

Existen muchas motivaciones detrás de los *no no*. Como psicólogo, puedo decirte que los he visto en muchas instancias, y, en mi opinión, pueden ser muy inflexibles. A menudo, no aceptan lo que llamamos «asimilación y acomodación», un proceso por el cual las personas normales adquirimos nueva información, nos acomodamos a ella y cambiamos nuestra mente. No es el caso de los *no no*. En lugar de aceptar la nueva información, tienen una infinidad de motivos para rechazarla, devaluarla y socavar cualquier tipo de acomodación a la que cualquier otro esté a punto de llegar con esa información. Así que estoy de acuerdo con el excelente consejo que Kotter nos ofrece: *no los involucres*.

Cuando involucras a un *no no* o a cualquiera que no quiera escuchar (revisa el capítulo anterior acerca de cómo tratar a los tontos), de hecho llevas las de perder. Ellos intentarán paralizarte y no cambiarán, así que dedicar tiempo para convencerlos equivale a permitir que desbaraten tus planes. Si hablas con ellos, salen ganando.

Kotter no sugiere que los ignoraremos, sino que lidiemos con ellos. Las estrategias que nos ofrece son las siguientes: distraerlos, sacarlos de la organización o exponerlos al poder del grupo. En mi experiencia, esas sugerencias son buenas, pero deseo que de ellas retengas la grandiosa idea de que trabajar con los *no no* será inútil. No están interesados en cambiar, en la información ni en cualquier otra cosa relacionada con la realidad. Tienes que lidiar con ellos si obstaculizan el camino.

Si te encuentras en una organización o incluso una familia extendida o un círculo social, los *no no*, por naturaleza, estarán en contra de los cambios que quieras realizar. Compréndelo y trata con ello como el obstáculo que en realidad es.

Las cosas ocurren cuando tú cambias

A cada acción corresponde una reacción igual y contraria. Cuando te mueves en una nueva dirección, enfrentarás obstáculos como resultado. Es difícil hacer que las cosas sucedan, si no muchas personas lo estarían haciendo. Así que acepta el hecho de que los cambios son difíciles de implementar. Te estarás sumergiendo en aguas desconocidas, y habrá olas, y muy grandes y tumultuosas. Para mantenerse avanzando, se requiere valor y perseverancia.

Más adelante, examinaremos algunos componentes que te ayudarán a mantener el cambio. Pero por ahora, date cuenta de que cuando enfrentes obstáculos, estos pueden ser señales positivas de que has hecho lo correcto. Quiere decir que en realidad estás haciendo cambios y que estás realizando las tareas propias del nuevo ciclo de la vida. Y ahora que ya has adquirido una visión del mundo en la cual los ciclos de la vida son normales, estás listo y ya no te sorprenderán.

CAPÍTULO 10

No más malos en la película:
La magia de elegir por cuenta propia

Una amiga enfrentaba un conflicto por no saber qué hacer con el novio con quien salía desde hacía más de un año. En nuestras conversaciones, una y otra vez afirmaba que se sentía muy unida a él y que lo «amaba profundamente».

—Entonces, ¿por qué surge el conflicto? —le pregunté.

—No es el tipo de hombre con el que quiero formar una familia. Lo amo y me encanta estar con él. Tiene el corazón más puro que he visto, y amo eso en él. Es la persona más inteligente que he conocido, y amo eso en él. Pero no tiene mayor impulso en la vida. Solo vive el día a día, y no tiene iniciativa o verdaderos planes para el futuro. Es como un estudiante universitario, que no piensa más allá del fin de semana. Necesito a alguien que tome la responsabilidad y sea un padre y un esposo fuerte. No necesito un chico a quien deba «cuidar» todo el tiempo —respondió.

—Dame algunos ejemplos —agregué.

—Bueno, como es muy talentoso, obtiene trabajos temporales y de medio tiempo para ganar suficiente dinero y mantenerse. Así que el resto del tiempo duerme, juega en la computadora y no es una persona productiva. Es tan inteligente que se sale con la suya, pero yo quisiera a alguien que enfrentara la vida y tuviera impulso.

»Además, deja que yo me encargue de lo que sucede. No hace planes, ni se preocupa de las cosas como lo haría un verdadero adulto. No quiero ser la única que todo el tiempo se preocupa por el futuro. Necesito una pareja que me acompañe y me haga sentir segura.

—Entonces, ¿qué harás? —inquirí.

—Aquí es donde me siento paralizada. No sé qué hacer. Lo amo y no quiero terminar con él. Sin embargo, no me imagino casada con él hasta que cambie. Cuando logramos hablar al respecto, noto un pequeño avance; pero si no lo fastidio constantemente, no es capaz de mantener el cambio. Además, no me gusta que todavía consuma drogas a su edad. Ya debería haber superado eso.

—Me parece que tienes una decisión difícil que tomar. ¿Por qué no dejas que él la tome? —le pregunté.

—¿Qué quieres decir?

—Te sientes atascada porque piensas que tienes que decidir si él es el hombre correcto o no. No creo que sea una decisión que tú debas tomar. *Creo que es su responsabilidad.*

—¿Qué quieres decir? —volvió a preguntar.

—Tienes que decidir con qué tipo de persona quieres casarte, y me parece que ya lo sabes. Alguien que tome la iniciativa, sea responsable, se encargue de hacer planes y se preocupe por el futuro. Alguien que valore las metas y que utilice el tiempo de manera adecuada para construir el estilo de vida que quieren tener juntos. Alguien que no consuma drogas. Ese tipo de cosas básicas que un adulto hace.

»Él tiene que decidir si quiere ser esa persona. Es el único que puede tomar esa decisión, tú no. Así que díselo. Dile lo que quieres, y luego dile que debe decidir si quiere ser esa persona y estar contigo o no. Eso depende de él, y es el único que puede controlar el resultado —dije.

—Continua por favor, creo que ya lo comienzo a entender.

—Muy bien, exprésale lo siguiente: Taylor, he estado pensando sobre mi futuro, lo que deseo a largo plazo y sobre el hombre con el que quiero pasar el resto de mi vida y formar una familia. Ese hombre debe ser alguien amoroso, inteligente, divertido, alguien con quien pueda conectarme y que posea los mismos valores que yo tengo. Además, debe ser un hombre responsable, preocuparse por el futuro, saber hacia dónde va y ser un buen proveedor. Tiene que ser alguien que se preocupe de las cosas básicas, como ser responsable en sus finanzas y esas cosas que un adulto normalmente hace. Eso es lo que busco y esa es la persona con quien me gustaría estar.

»Hoy no eres esa persona. Te amo, y quiero que tú seas esa persona, pero por ahora no lo eres. No me veo contigo en el futuro tal como están las cosas en el presente. Pero te daré una alternativa: puedes decidir si deseas ser esa persona o no. Si lo haces y si me lo demuestras por el tiempo suficiente para estar segura, me encantaría estar contigo. Pero depende de ti si quieres convertirte en esa persona y si quieres estar conmigo. Es tu decisión».

Me di cuenta, por la expresión del rostro de mi amiga, que algo en ella había cambiado. A medida que hablábamos, me dijo que había comprendido por el simple hecho de expresar lo que quería. Pero, por otra parte, fue por el alivio de no ser la «mala de la película» que rechaza a alguien que ama y que siente que lo juzga. Ella no quería juzgarlo, pues en verdad era un buen hombre, y lo amaba y respetaba mucho. Ella se había cansado de sentirse como la jueza gruñona. Ese enfoque la liberaba de la responsabilidad, puesto que ahora él estaba a cargo.

Él tenía que decidir si quería o no estar con ella, quien ya había establecido los estándares para estar juntos, y ahora él podía decidir si estaba a la altura. Era su decisión, podía elegir por su propia cuenta. Qué bien por ella, pues ya no tenía que ser la jueza. En lugar de ello, sus estándares serían los jueces. Qué bien por él, pues ella ya no lo fastidiaría sino que le permitiría elegir si quería estar con ella de la forma en que lo pedía. No había más malos en la película, eran libres nuevamente.

ELECCIÓN PROPIA

He descubierto que cuando intentan realizar cambios necesarios, muchas personas se paralizan por las mismas razones de mi amiga. No quieren convertirse en los malos de la película al rechazar a una persona o hacerle sentir que, de alguna manera, no es «lo suficientemente buena». Esto hace que se sientan mal, y lleva a una dinámica incómoda en una relación. La elección propia es la mejor opción.

Ese tipo de selección establece los estándares de los que deseas, sin importar con quién estés tratando. La persona tiene que escoger si desea cumplir esos estándares. Tiene que elegir por cuenta propia. Es parecido a lo que sucede en los procesos de admisión de las universidades. Los directores de una buena universidad no son malvados o críticos cuando establecen las calificaciones mínimas de ingreso, sin embargo, ese requisito deja en claro los estándares a cumplir. El requisito define el tipo de universidad, por lo que los estudiantes deben evaluar si quieren asistir a ella, a sabiendas que tienen que cumplir esos estándares. Tienen que elegir por cuenta propia.

De la misma manera, si tienes un empleado cuyo desempeño es deficiente, puedes sentirte estancado, así como mi amiga se sentía. Te agrada la persona, y no deseas ser el malo de la película por despedirla. Por lo tanto, deja que el empleado decida.

«Terry, tengo que hablar contigo sobre este puesto. La persona que necesito en esa silla debe cumplir ciertas características: dedicar su tiempo y energía a formar un equipo de trabajo, adelantarse en la planificación de los próximos trimestres y en la generación de negocios y alcanzar un incremento de x por ciento en la tasa anual de ventas. Hasta el momento, tú no eres esa persona. Quiero que lo seas, y espero que escojas serlo. Pero depende de ti. Quiero que pienses en ello y me digas si quieres hacerlo y cuál es tu plan para mostrarme que has cambiado. Espero que lo hagas».

Este es un cambio completamente diferente, pues presenta dos resultados: uno garantizado; el otro, desconocido y esperanzador. El resultado garantizado es que habrás podado lo que necesitas quitar de tu vida o empresa. En el ejemplo de mi amiga, ella renunció a estar con una persona que no era el tipo de esposo que deseaba. En el ejemplo del empleado, el jefe terminó el problema de desempeño. Así que los estándares producen cambios. Eso está garantizado.

Lo que hace que los cambios sean desconocidos y esperanzadores es la posibilidad de que las personas avancen para cumplir los estándares. Cuando establecemos un estándar, dibujamos una línea imaginaria con la cual las personas tienen que lidiar. Si lo hacen o no, depende de ellas. Es desconocido y esperanzador porque, a veces, las personas lo hacen. En otras ocasiones, no. De cualquier manera, ya la poda ha ocurrido, y no has rechazado a nadie.

ELECCIÓN PROPIA PARA LOS APEGOS PERSONALES
Otra persona con quien podrías tener dificultades para decir no es tu propio ser. En la vida y en los negocios, tenemos que ser los malos de la película para con nosotros mismos y decir: «No, no puedes tener eso», o «haz esto». Sin embargo, nos apegamos a ciertas estrategias, esperanzas, proyectos, negocios o a cualquier otra cosa. Divagamos de aquí para allá, y utilizamos todas las estrategias de resistencia de las que hemos hablado en capítulos anteriores. «¿Debería o no cerrar esto? ¿Debería darle más tiempo? Podría ser que…» Y entonces nos quedamos estancados.

La elección propia funciona igual en nuestros apegos. Establece el estándar: «Si el negocio no brinda beneficios para el fin de año, lo cerraré». Otro caso podría ser: «Si no consigo el empleo que deseo para el primero de junio, dejaré de buscarlo allí y buscaré en otro lugar». Como vivo en Los

Ángeles, conozco a muchas personas que intentan entrar a la industria de la música y del entretenimiento. Algunas lo han intentado durante algún tiempo. ¿Cómo saber cuándo renunciar? En mi opinión, los inteligentes han definido una fecha tope. «Si no logro ganarme la vida con esto a más tardar en esta fecha _____, dejaré todo y estudiaré una maestría».

Algunas personas tienen problemas con ese enfoque, pues creen que se darán por vencidos muy pronto. No obstante, no estoy diciendo que el tiempo debe ser corto. Simplemente, digo que es una buena idea saber cuánta energía y cuántos recursos quieres invertir en algo, antes de que lo pierdas todo. Lo importante aquí es que tengas el control y, a veces, establecer un estándar para la elección propia te ayuda a sacarte la decisión de la cabeza y te brinda objetividad. Tal como Jack Welch decía: «Sé el primero o el segundo en tu mercado, de lo contrario, arregla, vende o cierra».

CAPÍTULO 11

Cómo conversar: Estrategias para terminar bien

«¿Ya hablaste con él?», le pregunté a Lori, una líder de una agencia publicitaria.

Me refería a Jeff, su subalterno directo, quien había estado a cargo de una importante división de su negocio y era responsable del trabajo con varios medios de comunicación. A Lori la acababa de contratar una compañía mucho más grande y con mejores oportunidades. Allí tendría que formar su nuevo equipo, y todos suponían que Jeff la seguiría a donde quiera que fuera. Jeff había sido su mano derecha durante siete años; eran muy unidos por muchas razones.

Primero, él era muy competente y resolvía casi todo. Manejaba modelos y fórmulas complejas para encontrar los mejores precios en los medios de comunicación y coordinar los lanzamientos de mercado de tal forma que se maximizaran las ganancias de sus clientes. Eso se traducía en la continuidad de los negocios y una mejor rentabilidad.

Segundo, Jeff era un poco excéntrico y no confiaba en cualquier persona. Mantenía a los demás a distancia, con una apariencia de arrogancia y superioridad. En contraste, Lori estaba dotada de una inteligencia emocional sobresaliente (le dije muchas veces que, de no haberse convertido en tan buena ejecutiva, ella tendría que haber sido psiquiatra), y por eso se había ganado la confianza de Jeff a lo largo de los años. Era una de las pocas personas que él había dejado entrar en su vida. Como resultado, ella había obtenido muchos beneficios, no solo de su amistad, sino también de su increíble cerebro. Lo que habían logrado era superior, y mostraban total lealtad el uno con la otra.

No obstante, ella había pagado un precio alto por ese logro. Jeff dividía a la organización en dos: los que trataba bien y los que despreciaba. Era una de esas personas de las que los psicólogos indican que utilizan mucho la disociación, como un mecanismo de defensa contra su inseguridad. Jeff dividía el mundo entre los buenos y los malos, y así los trataba. Si alguna vez lo ofendías o si le caías mal, olvídalo, las oportunidades de que volvieras a acercártele eran pocas.

Con el tiempo, el comportamiento de Jeff había creado una cultura frágil que obstaculizaba la ejecución de algunos proyectos; muchas personas pensaban que era un verdadero maleducado. Con más frecuencia de la que hubiera deseado, Lori tenía que suavizar las tensiones con las personas a las que Jeff había ofendido. A menudo se sentía más como una terapeuta que como una ejecutiva, y, sin importar qué tan bueno fuera Jeff, ella se empezó a resentir. Además, su «paranoia», como Lori la llamaba, se activaba incluso con ella, al sentirse lastimado o menospreciado, y ella tenía que invertir tiempo y energía para calmarlo.

Después de muchas conversaciones y búsqueda interior, Lori llegó a una conclusión: a pesar de que Jeff era talentoso e inteligente, no lo llevaría a la nueva compañía. Admitió, al ser franca consigo misma, que estaba cansada de lidiar con todo el daño colateral que Jeff causaba, así como del tiempo y de la energía que invertía en sus problemas. Su visión era encontrar una nueva mano derecha con quien fuera más fácil trabajar o, al menos, que no fuera tan dramático. Cuando visualizó un futuro diferente, dijo que se sentía «como que le habían quitado un peso de encima». Hasta que...

—No, no se lo he dicho —respondió—. No...

El último *no* fue proferido con un fuerte suspiro, y su mirada se perdió en la distancia.

—¿Por qué? —le pregunté.

—No lo sé. Es decir, sí sé: decírselo será una pesadilla. De ninguna manera lo va a tomar a bien, y yo lo entiendo. Después de todo, ha sido mi mano derecha durante un largo tiempo. Pero, en realidad, no tiene idea de lo difícil que ha sido para mí, por lo que lo interpretará como que quiero causarle dificultades, y esto reforzará su visión de que el mundo no es digno de su confianza. Esto me espanta.

Como orientador, he tenido la misma conversación con muchas otras personas que se han sentido paralizadas, ya sea en un contexto personal o profesional. ¿Por qué no se realizó el cambio? Después de todo, ya habían tomado la decisión y tenían la certeza de que necesitaban avanzar, pero continuaban con rodeos. No era por inseguridad, ni por miedo al futuro, ni porque tenían que repensar sus decisiones, ni porque sus mapas mentales les impedían realizarlo. ¿La razón?

Le temían a la conversación.

Me dicen que es la conversación en sí y también, en algunos casos, las posibles consecuencias que esta traerá a la persona, lo que hace que se paren en frío. Dicen que la repasan una y otra vez en sus mentes y la visualizan mal al imaginarse los peores escenarios. A esto añadamos algunos de los mapas mentales de los que ya hemos hablado: los cambios son fracasos personales, te vuelven malo, hacen que dañes a los demás. Ante esto, puedes sentir la tentación de no implementar ningún cambio necesario.

¿Cómo se llevan a cabo los cambios? Un ingrediente principal es *estar preparado para la conversación en sí*. La preparación puede ser puede ser relevante. Puede brindar la confianza y las destrezas necesarias para, por fin, jalar el gatillo. Veamos cómo puedes prepararte para la difícil conversación de un cambio necesario.

COMIENZA CON EL FINAL EN MENTE
Cuando se trata de cambios muy difíciles, en general existen algunos problemas que pueden desviar la conversación. En medio de esta, las personas pueden renunciar al cometido de realizar los cambios necesarios. Comienzan a hablar con la convicción de que le dirán a alguien que «eso se terminó», cualquier cosa que «eso» sea, pero una vez que inician, se da una de las siguientes situaciones. Puede ser que se distraigan por el apego que sienten hacia la persona o hacia cualquier otra cosa que sea el problema; entonces, todo el amor que sentían «vuelve a surgir». Sienten afecto por la persona o por los aspectos positivos del negocio y, de alguna manera, regresan a conversar sobre esos aspectos, por lo que, sin poder evitarlo, caen en la tentación habitual de decir: «¿Podemos encontrar una manera de hacer que esto funcione?».

Después, la conversación se encauza en encontrar la manera de «hacerlo funcionar». No importa si la persona ha pasado meses cerciorándose de la necesidad de los cambios y repasando un millón de veces, con obsesión, todos los pormenores. Cuando llega el momento de realizar los cambios, sucede algo que suaviza a la persona una vez más. Recuerdo una ocasión en la cual una junta directiva delegó al director general para que despidiera a alguien y ¡regresó con una prórroga del contrato de esa persona! Le dije: «¡Fuiste a terminar la relación y regresaste comprometido! ¡No está bien!». Sin embargo, suele suceder.

La otra situación que a menudo se presenta es que la persona que decide ejecutar los cambios encuentra resistencia de parte del receptor y pierde el control de sus argumentos. De esta manera, el receptor, que es más experimentado en este tipo de conversaciones, la convence de no realizarlos.

Ninguna de estas situaciones es idónea, pero ambas pueden evitarse mediante el trabajo y la capacitación previa. En primer lugar, el trabajo consiste en «comenzar con el final en mente». Antes de sostener la conversación, asegúrate de tener claro el resultado que deseas. Debes tener objetivos específicos para la conversación, por ejemplo:

- Quiero cerrar la conversación sin confusiones y con la plena confianza de que esto ha terminado.
- Quiero cerrar la conversación después de decirle a la persona que sí me importa.
- Quiero terminar la conversación después de haberle dicho a la persona que aunque esto se haya terminado, deseo mantenerme en contacto con ella, en caso de que otra oportunidad se presente.
- Quiero cerrar la conversación y que la persona sepa que aunque el proyecto ha terminado, deseo que la relación continúe.
- Quiero cerrar la conversación habiendo dicho de manera muy clara no solo que esto se terminó, sino también por qué.
- Quiero cerrar la conversación habiendo dicho que no quiero ninguna relación o contacto a futuro con la persona.
- Quiero cerrar la conversación habiendo dicho que si la persona alguna vez me contacta, llamaré a la policía.
- Quiero cerrar la conversación habiendo dicho que de ninguna manera quiero que la relación termine. A lo que quiero poner fin es al patrón, pero dependerá de la persona si desea continuarla o no. Si decide que sí, tendrá que cumplir ciertos requisitos.

Existen otras posibilidades, pero la idea es esta. Son conversaciones difíciles, y si no hay claridad en tu mente, si no tienes la seguridad absoluta de lo que dirás, existe el riesgo de que no lo digas. Eso puede resultar en que no se dé el cambio, sino solo más confusión. Haz un pacto contigo mismo: «Prometo que no terminaré la conversación hasta que quede claro lo que fui a decir y a hacer».

INTEGRA EL AFECTO Y LA VERDAD DENTRO DE TI
Si dudas de conversar es porque temes lastimar a alguien, como suele ser el caso, y por ello, la mejor preparación es «integrarte» antes de la conversación. Tu interés hacia la persona debe integrarse con la verdad de lo que tienes que decir.

Con frecuencia, cuando a alguien le importan los sentimientos del otro, existe la tentación de suavizar la verdad, porque esta duele. De ahí que la tendencia es a ser un tanto codependientes en este tipo de conversaciones y a omitir aspectos que deben decirse, por miedo a dañar al otro. Se compromete la verdad y, a menudo, el cambio es endeble.

Por otro lado, si no te importan los sentimientos de los demás y solo te interesa «la verdad» y lidiar con la realidad, puede que lastimes a alguien de forma innecesaria. Incluso si esto te parece irrelevante, es mejor que te comience a interesar por tu propio bien, ya que si no lo haces corres mayor riesgo de que todo salga mal.

Por lo tanto, antes de que inicies la conversación, conéctate con tu interés hacia la otra persona y con la verdad. Piensa que la persona te importa y que en realidad le deseas lo mejor. Siente tu afecto y ponte en su lugar al pensar en lo difícil que puede ser escuchar la verdad. Al hacerlo, entiende que esta siempre será nuestra guía. Si algo no es bueno para una de las partes, tampoco lo será para la otra. Si mantener a una persona a bordo no es lo mejor para el equipo, tampoco será lo mejor para la persona; es incongruente. La verdad es dolorosa, pero al final es lo mejor.

Si la persona no está desempeñándose bien, no le haces ningún favor al darle un cargo que no se merece o al no ser franco acerca de sus debilidades. Le estás quitando la oportunidad de mejorar. Así que si te interesa, desearás conversar, no solo como una expresión de la verdad, sino también de ese mismo afecto. Piensa en el productor Simon Cowell y en TLC.

Como cuando se extrae un diente, lo mejor es hacerlo rápido y de raíz. Comprométete a ser sincero y claro, y no arrastres a la persona hacia un laberinto de explicaciones, excusas y actitudes paternalistas engañosas.

Simplemente, planifica ser agradable y decirlo tal como es, con mucha compasión. Amable, pero con la verdad.

Si logras claridad interior acerca de tu afecto hacia los demás y de la necesidad de la verdad, harás un mejor trabajo, lo que te permitirá avanzar con una menor resistencia. Si sientes el interés por los otros, tendrás menos temor de hablar con franqueza, ya que sabrás que no estarás haciendo nada malo. Tu verdad te ayudará a ser claro en lo que digas y a satisfacer tanto tu necesidad interna como la situación en sí. Es como afilar el bisturí para hacer la mejor cirugía posible.

PRACTICA Y ENSAYA, SI ES NECESARIO
Quizá parezca absurdo, pero practicar puede ser útil. Pídele a alguien de tu confianza, alguien que te brinde retroalimentación sincera, que te ayude a ensayar la conversación. Esto te ayudará a estar preparado, claro y menos nervioso para ese momento.

Te puede resultar útil escribir tus comentarios con antelación. Escribe con precisión lo que quieres tratar y, por lo menos, ten una lista a la mano. Ver la lista no tiene nada de malo, si esta es necesaria. La mayoría de personas no la necesita, pero conozco a muchas que sienten que les ayuda, pues al menos saben que si los nervios las traicionan en un escenario muy difícil, podrán contar con ella. En la conversación, dicen algo como esto: «Aquí tengo una lista de las ideas centrales que debemos cubrir». Hacer eso no es nada extraño.

DILO EN EL TONO CORRECTO
No se puede sobrestimar la importancia de usar el tono correcto en este tipo de conversaciones. Es crucial que transmita interés y respeto hacia la otra persona. Por la forma como el cerebro funciona, el tono de tu voz a la hora de comunicarte afecta en gran manera las reacciones emocionales de la otra persona. Si usas un tono suave y afectuoso, se activarán menos reacciones polémicas o evasivas, y es probable que se susciten respuestas más racionales. Si no te enojas, ni eres severo ni avergüenzas a la otra persona, esta podrá recibir mejor el mensaje. Por lo tanto, vigila tu tono al hablar. Te sentirás bien de haberlo hecho, y será lo mejor para él o ella.

Tu presencia emocional se percibe similar al tono de tu voz. La otra persona se sentirá, de forma inconsciente, apoyada y «sostenida» a través del difícil cambio, si percibe que en realidad estás «allí» junto a ella. Experimenta empatía y valida sus posibles sentimientos. Si lo haces, la persona tendrá una mayor posibilidad de asimilar ese afecto y más probabilidades de escuchar los aspectos constructivos de lo que le digas. Recuerda que es probable que mucho de lo que digas le resulte útil si te puede escuchar, y tu presencia emocional ayudará a que esto ocurra.

VALIDA A LA PERSONA Y A LA RELACIÓN
Permite que la otra persona sepa que te interesas por ella y por la relación. Exprésalo con claridad. «Espero que sepas lo mucho que te valoro a ti y a nuestra relación y espero que esto no se interponga entre nosotros para siempre. Eso es importante para mí». Solo hazle saber que te importa y que son los problemas actuales las razones de los cambios y no ella como persona.

De la misma manera, sé preciso acerca del problema en sí. Sostén el mensaje de por qué lo estás haciendo, y mantén la objetividad sobre la razón del cambio. Así, ambas partes tendrán más oportunidad de separar a la persona del problema.

LLEGA A UN ACUERDO
A menudo, ante una conversación o un cambio difícil, la persona receptora experimenta las emociones con mayor fuerza. Como resultado, lo que sucede puede tornarse confuso y hasta olvidarse. Por tanto, al final de la conversación, ponte de acuerdo sobre lo ocurrido y sobre los pasos a seguir, si estos son necesarios.

«¿Qué me has escuchado decir?», es una buena forma de aclararlo. «Quiero asegurarme de que nos vayamos con un buen entendimiento mutuo». Si la persona responde con una idea tergiversada, puedes aclararla en ese momento. «No, de ninguna manera estoy diciendo que estás mal. Solo te estoy diciendo que debo hacer este cambio por las razones que te mencioné. Espero que así lo entiendas, y que no pienses que te estoy atacando. ¿Estás de acuerdo?».

Existen diferentes formas de hace esto, y ayudar a la persona para que corrija sus tergiversaciones le puede beneficiar así como evitar un mal entendido.

Cierra la conversación con esperanza y ánimo. «Espero que en el futuro te vaya bien y que esta experiencia te sirva y no te lastime. Es lo que deseo para ti».

AFRONTA LAS ACTITUDES Y REACCIONES DEFENSIVAS

Si estás tratando con una persona difícil que se pone a la defensiva o es polémica, no permitas que eso desvíe tu mensaje. La mejor fórmula que conozco para esto es una combinación de empatía y enfoque en el problema: «Comprendo lo frustrante que es para ti y lo difícil que es escucharlo, pero quiero que entiendas lo que digo y que te quede lo más claro posible. Este es un verdadero problema que no desaparecerá y necesito que lo sepas».

A menudo, como vimos en la sección sobre las personas tontas en el capítulo siete, a tu interlocutor no le agradará escuchar lo que le estás diciendo y puede que ni siquiera lo comprenda. Sin embargo, la única persona a la que puedes controlar en la conversación es a ti mismo, así que insiste en el mensaje. No está bajo tu control que la persona lo comprenda o no, pero *sí* puedes controlar el hecho de permanecer con una actitud de empatía y claridad. La otra persona no puede quitarte eso, a menos que tú se lo permitas, así que no dejes que eso suceda. Aférrate a tu poder, que es el dominio del autocontrol.

PUEDES NECESITAR A OTRAS PERSONAS

En ocasiones, existe el peligro de que individuos con ciertos tipos de personalidad tergiversen las cosas, por lo que debes asegurarte de tener un testigo en la plática, en especial si hay riesgo de un litigio u otros malos resultados. Alguien competente en el área de recursos humanos, un amigo, un abogado u otro gerente pueden ser un buen respaldo, dependiendo de la situación o del contexto. No pienses que es una exageración, es más, a veces no tenerlo es una negligencia. Es posible que necesites a ese testigo si terminas en un tribunal o incluso para que te ayude a manejar la conversación en sí. «No lleves un cuchillo a un tiroteo», es un buen consejo. En casos extremos, es posible que desees que tu abogado hable por ti, sobre todo si existe mala intención en la situación.

En relación a esto, necesitarás tomar notas y documentar de manera inmediata lo que ha ocurrido. Muchas veces, cuando alguien te busca después de una conversación difícil, es probable que no tenga los hechos muy claros. Cuanto mejor sea la documentación que tengas, sobre todo la que describe el proceso que condujo al cambio, saldrás mejor librado. Los jueces y los miembros del jurado quedarán impresionados con aquel que cuenta con un registro claro y demostrable de los hechos. Una vez más, si te encuentras en una situación de tal envergadura, consulta con tu asesor legal.

EL RESULTADO ES A MENUDO FAVORABLE

Una amiga estaba atrapada en su vida amorosa, y era el momento de hacer algo bien. Estaba dispuesta a terminar otra relación de corto plazo con solo desaparecer y perderse de vista, fuera del radar de su novio. Le expliqué que para llegar a donde ella quería estar en su vida y en sus relaciones, tenía que aprender a ser más directa sobre los cambios y a dar malas noticias a las personas. Le dije también que si deseaba contar conmigo, tenía que llamar a ese joven e informarle que había disfrutado salir con él, pero que no visualizaba un futuro juntos, y que ya no estaba dispuesta a seguir con él.

Ella se resistió, pero al final lo llamó, y al hacerlo se sobresaltó. Esperaba lo peor, pero recibió lo contrario. Él le dijo: «Solo quiero agradecerte por decirme esto de una manera directa. Me has devuelto la fe en las mujeres, y también me has ahorrado mucho tiempo y esfuerzo, al no continuar saliendo conmigo si nuestra relación no tenía futuro. Desearía que todas las mujeres hicieran lo que tú acabas de hacer».

Ella no lo podía creer, pero yo solo asentí con la cabeza, en un gesto de consejero que afirmaba un «te lo dije». No solo le ayudó a él, sino que también la llevó a un nuevo nivel de interacción en sus relaciones con los hombres. Poco tiempo después, al fin atrajo la clase de persona que ella había estado buscando: sincera, responsable y amable. ¿Por qué? porque tuvo que transformarse en ese tipo de persona antes de que atrajera a alguien similar. Después de todo, por esa razón le pedí que lo llamara. No fue solo por él, sino también para su propio desarrollo. Ella tenía que convertirse en aquello que buscaba, antes de encontrarlo.

Tú encontrarás lo mismo. Entre más claro y amable seas al comunicar los cambios y las malas noticias a los demás, mejores serán las personas que te rodean en la vida y el trabajo. Atraes lo que eres. Así que hazlo por ellos, pero también por ti; te alegrarás de haberlo hecho.

SALVO EN CASOS MUY ESPECIALES, NO CIERRES LAS PUERTAS

Como ya he mencionado, a los malvados ciérrales la puerta. Sin embargo, con todos los demás, haz que el cambio deje una impresión y una comprensión real de que eres amable, sincero y respetuoso. A pesar de que esta vez las cosas no funcionaron, nunca se sabe cuándo podrías volver a cruzarte con esa persona. La próxima vez, podría ser bajo un trato que sí funcione, o quizá dentro de unos años ella sea una persona diferente. Si las cosas terminan bien, podrás retomarlas donde las dejaste, en ese buen lugar, y obtener un mejor resultado si la situación o la oportunidad son apropiadas.

Tú siempre ganas al tratar bien a la gente. «Traten a los demás tal y como quieren que ellos los traten a ustedes», eso es favorable no solo para ellos sino también para ti. Nunca se sabe cuándo los volverás a ver o cuando la vida o los negocios pueden tomar un giro inesperado y volver a juntarlos.

¿Quién sabe? La persona con la que acabas de terminar algo, un día puede llegar a ser tu jefe, un prestamista o un inversionista. ¡Asegúrate de hacer el cambio bien!

SOBRE TODO, NO SEAS DÉBIL
Recuerda, en este momento te has decidido por un cambio. Por lo tanto, hazlo y déjalo claro. Muchas veces, las personas se permiten un poco de flexibilidad o una falsa esperanza solo para suavizar las malas noticias. No lo hagas, si lo que deseas es un cambio. De lo contrario, solo vas a tener que hacerlo de nuevo. Si algo ha terminado, asegúrate de que se haya acabado al final de la conversación. No dejes una puerta o ventana abierta, si no la deseas. Ciérrala ahora, así no tendrás que volver a pasar por lo mismo.

Capítulo 12

Acepta el dolor:
La importancia de asimilar los cambios necesarios

Moe Girkins, una ex ejecutiva de AT&T, es la directora general de la editorial Zondervan, una división de HarperCollins (mi editorial). Cuando le dije que estaba escribiendo un libro sobre los cambios necesarios y lo difícil pero importantes que son, me relató una historia.

—Sé con exactitud lo que quieres decir —aseguró—. Lo viví cuando estuve en AT&T. Tuve que supervisar el cierre de una empresa que le pertenecía a AT&T, que había estado allí durante décadas y en la que las personas habían invertido su vida. Cuando tuvimos que cerrarla, supe que debíamos hacerlo de la manera correcta.

—Entonces, ¿qué hiciste? —le pregunté.

—Bueno, tuvimos un funeral —dijo.

—¿Un funeral?

—Sí, exacto —dijo—. Una verdadera ceremonia de despedida.

—¿Cómo estuvo?

—Bien, reunimos a toda la gente y contamos historias, recordamos y lloramos. Celebramos el pasado y le dijimos adiós. Y enterramos una cápsula del tiempo.

—¿Una cápsula del tiempo?

—Sí. Les pedimos a todos que pusieran algo en la cápsula del tiempo y les dijimos que la enterraríamos en el sitio. El edificio sería demolido, y queríamos que sintieran que aunque el negocio estaba por terminar, celebraríamos lo que los empleados habían hecho a lo largo de los años y lo conservaríamos para el futuro. Fue muy saludable y les permitió decir adiós, dejarlo atrás, y pasar a la siguiente etapa.

»Sabía que las personas habían invertido tanto en la compañía que, si no les permitíamos decir adiós, no serían capaces de avanzar. En realidad, las personas no pueden retirar su inversión y seguir adelante si no se despiden de lo que alguna vez fue. Necesitan ese sentido de cierre. Cuando lo obtuvieron, fue increíble la forma en que atravesaron la transición. Sin el cierre, no creo que la hubieran asumido así de bien. Fue algo muy importante».

Una decisión inteligente, pensé. Bastante buena para alguien que no es psicóloga y, sin duda, una señal de que es una buena líder. ¿Por qué? La razón proviene de los rudimentos de la física. Si has invertido tus emociones y tu energía en algo, vas a sentir cuando las retires y las dejes ir. Para cada acción existe una reacción igual y opuesta, por lo que si terminas algo en lo que has invertido, habrá un impacto. Y si no quieres lidiar con esos sentimientos, tendrás que hacer algunas cosas raras para resolverlos.

Entonces, ¿por qué es importante?

Simple y sencillamente porque se trata de *energía e inversión*. Lo que construyas en tu vida o en tu negocio *llenará los nuevos espacios en blanco* mediante la inversión de tu energía y la de tu equipo. Y la única energía que puedes invertir es la que está disponible. Para tenerla a disposición, debes sacarla de algún lado. En el ámbito de la psicología, la palabra técnica para eso es desligarse. La *catexia* es la inversión de energía mental o emocional en una persona, un objeto o una idea. Así la *decatexia* es el proceso de retomarla. La única manera de lograrlo y seguir adelante es hacer duelo por lo que has invertido.

El proceso de duelo implica desapego mental y emocional. Ello significa enfrentar la realidad de que algo se ha terminado, lo que ese *algo* sea, y experimentar los sentimientos involucrados. Significa salir de la negación y del adormecimiento emocional y sentir lo que sea que sientas. Esto ayuda porque el duelo se desplaza. Se va a otra parte. Avanza. Sentir el enojo ayuda a eliminar el rechazo, y sentir la tristeza permite dejar ir el apego aun más lejos. Hace que las personas se liberen del estancamiento. De alguna forma, cuando las personas no asumen sus sentimientos hacia algo importante que se ha terminado, sean estos positivos o negativos, siguen atadas a ello.

Es por eso que los sentimientos involucrados en un duelo son únicos. A diferencia de las emociones que no nos llevan a ninguna parte y que, de hecho, pueden estancarnos, los sentimientos de duelo nos mueven *hacia adelante*. Cuando sientes dolor estás diciendo: «Estoy viendo esta realidad justo frente a mí y la afronto, la realidad de que esto (lo que *esto* sea) se *acabó. Terminó*. El duelo también significa que estoy preparándome para lo que sigue, porque estoy cerrando algo que ya pasó».

Cuando las personas no enfrentan su duelo corren un doble riesgo. Primero, para evitar enfrentar el duelo, pueden dar vueltas alrededor del mismo asunto, aferrarse a una falsa esperanza o permanecer enojadas con el pasado. Se pueden quedar atascadas al protestar contra la realidad. Segundo, negarse al duelo a menudo lleva a las personas a hacer cosas extrañas por despecho, lo que representa un mecanismo de defensa para evitar los sentimientos relacionados con el dejar ir.

En una ocasión, participé en una sesión de asesoría de un equipo ejecutivo cuyos miembros se hallaban confundidos al trazar un mapa de su futuro. En particular, sus miembros sentían que su director general se había ido por la tangente en diversas ocasiones.

—¿Qué sucedió? —pregunté. Respondieron que, en varias ocasiones, él había tenido «grandes visiones» y que había llevado a la empresa, valorada en mil millones de dólares, por una dirección que la había apartado de su misión y había desviado muchos recursos que en realidad necesitaban.

—Había _____ proyecto. Y luego hubo un completo _____ desastre. Después de eso, se presentó la _____ estrategia.

Cada proyecto había sido un fracaso, y se había invertido mucho en términos de recursos humanos, tiempo y dinero. Se me ocurrió una idea.

—¿Cuándo sucedió eso y qué más estaba pasando? —pregunté.

—¿A qué te refieres? —me respondieron.

—¿En qué años fue esto y qué sucedía entre tanto, antes y después? —agregué.

Nos sorprendió lo que descubrimos. En el gran pizarrón blanco de la sala de sesiones hice un gráfico más que revelador. Creamos un cronograma de más de quince años del que surgió un asombroso patrón. Cada vez que algo no marchaba bien, y en lo que el director general había involucrado en gran manera sus emociones, *enseguida él lanzaba una de esas iniciativas que habían ocasionado grandes problemas*. En otras palabras, ante una disminución en las operaciones normales, resultados desalentadores o fracasos, en lugar de asumir esa pérdida y el dolor asociado a la misma, el director general se aferraba a una «relación rebote» con una nueva visión. Es la versión empresarial de una persona que pierde a un ser amado y, en lugar de procesar el duelo, enseguida salta a una relación rebote. Ya habrás notado que con frecuencia eso no funciona nada bien.

La razón es que cualquier cosa nueva que se seleccione es por necesidad y no por mérito. La persona se apresura a algo nuevo para evitar sentir el dolor, la desilusión y la pérdida; idealiza lo nuevo, pero en esos momentos raras veces piensa a largo plazo. Solo piensa: *¿qué puedo hacer para sentirme mejor de lo que me siento ahora?*

El análisis le permitió al equipo ejecutivo recibir una orientación importante para identificar esa tendencia en su líder y saber manejarla cuando surgiera. Además, les hizo ver la necesidad de «asimilar» las pérdidas y los cambios, algo que también nos debería ocurrir a nosotros. La verdad es que si estamos involucrados en algo que sufre cambios, tenemos que asimilar el dolor en nuestro sistema a fin de estar listos para lo que venga. En ese caso, para evitar adentrarse en el proceso de introspección, el director general buscaba en qué ocuparse sin tener, en verdad, una buena razón.

Así como Moe Girkins, trata los cambios con respeto. Si es adecuado, conmemóralos. Haz lo que tengas que hacer para el cierre necesario. Estos símbolos pueden ayudarte a hacer más fácil el cambio. Cuando alguien muere, se lleva a cabo una ceremonia, un funeral, para despedirnos. Incluso, a veces ponemos un poco de tierra sobre la tumba o lanzamos cenizas al mar. El acto simboliza muchísimo: el amor que le profesamos a esa persona, el aprecio que sentíamos por ella y ella por nosotros, la celebración de una vida bien vivida y el espacio psíquico de satisfacer nuestra muy real necesidad de sentir nuestra pena. Los símbolos y las actividades simbólicas nos ayudan mucho a asimilar el cambio.

La fiesta de despedida, el almuerzo de lanzamiento de alguien a su próxima etapa o, por el contrario, quemar los papeles del divorcio, todo eso juega un papel importante para que los dos lados del cerebro acepten y procesen lo que en realidad ha sucedido. Frente a cambios relevantes, debes enfrentar tu dolor, y, a menudo, los símbolos te ayudan a hacerlo.

ASIMILA EL CAMBIO PARA TU BENEFICIO
Joe se disponía a salir de la compañía que había fundado hacía cinco años. En un inicio, el negocio había sido muy bueno. La había comprado un grupo de firmas de capital de riesgo, el cual lo había nombrado director general. Sin embargo, poco a poco la relación entre él y los inversionistas se vino abajo y, después de un año, ellos comenzaron a desilusionarse de su rol y lo despidieron. Fue muy doloroso para ambos lados, pero por fortuna

su condición de fundador tenía suficiente fuerza como para ayudarle a salir en una buena posición, al menos financieramente. Debido a eso, se sintió bastante exitoso.

De alguna manera, con el viento a su favor, salió a la calle en busca de patrocinadores para su próximo contrato. Estaba listo para aventurarse. Pero cuando nos conocimos, tuve una perspectiva diferente.

—Joe, no creo que estés listo para tu próximo negocio; al menos, no todavía —le dije.

—¿Por qué no? —me refutó—. Creo que hay que ir cuando se presenta la oportunidad y con este pago después de la compra, creo que hay mucho entusiasmo en este momento.

—Ese es el problema —le dije—. Con probabilidad *podrías* obtener un negocio y cometerías los mismos errores que en el último, y no quiero que hagas eso. Tenemos que realizar una autopsia.

—¿Una autopsia?

—Sí. Ese proceso en el que examinan el cuerpo para ver qué le ocasionó la muerte. Tenemos que hacer lo mismo contigo —le dije.

Después, la conversación se tornó muy interesante. En realidad, él no había considerado lo mucho que podía cosechar de su experiencia y, en especial, de lo que no había salido bien. Era el tipo de hombre que «se quitaba un peso de encima y seguía adelante». Así que cuando le dije que quería ver todos los aspectos del negocio anterior, en particular aquellos que no habían funcionado, se sorprendió. Pero en mi opinión, ese era el motivo exacto por el que conservaba viejos patrones, que en verdad nunca había superado y que, al parecer, seguían obstaculizando sus enormes dotes en mucho de lo que hacía. Por eso, teníamos que esforzarnos para que «asimilara» su cambio.

¿A qué se parece esto? Piensa en lo que haces cuando digieres los alimentos: los tomas (los ingieres) y tu cuerpo los descompone y reconoce sus componentes, los cuales pertenecen a dos grandes grupos. El primer grupo es útil para ti: las vitaminas, los minerales y otros nutrientes. Tu cuerpo toma todo lo bueno y lo convierte en cosas que puedes usar: el combustible y la estructura. Te hacen seguir adelante y esto, en el sentido literal, se convierte en parte tuya. ¿Quieres huesos? Ingiere calcio. Tú captas la idea.

Al segundo grupo, es decir, las partes de los alimentos que son inútiles, se le llama residuos. ¿Y qué hacemos con los residuos? Los eliminamos y los sacamos del sistema. De hecho, si no puedes eliminarlos, te enfermas cada día más. Por lo tanto, tu cuerpo toma lo que ingiere, utiliza lo que le beneficia, lo procesa y elimina lo que no puede utilizar, lo cual expulsa.

En el amor y en el trabajo, la experiencia es el «alimento» de la vida. Tal como se dice que «eres lo que comes», eres lo que experimentas como persona. Tú «ingieres» la experiencia, así como lo haces con los alimentos, la tomas y esta se convierte en parte tuya. Para digerir la experiencia, ya sea en las relaciones importantes o en los negocios, tienes que hacer lo mismo que tu cuerpo hace con los alimentos: *mantener lo que es útil y eliminar lo que no lo es.*

Tienes que analizar la experiencia y dividirla en sus diferentes aspectos. ¿Qué tenía de buena? ¿Las relaciones? ¿Las enseñanzas? ¿Las nuevas habilidades que aprendiste? ¿El modelo disponible para seguir? ¿Nuevos conocimientos? ¿Tus fortalezas? Toma todo eso y, de forma consciente, hazlo parte de ti, saboréalo, recuérdalo, ciméntalo, construye sobre ello y enfócate en eso para que no se pierda. Se convertirá en «células y huesos» nuevos, partes de ti a las que nos referiremos como la sabiduría, la experiencia o el carácter. Lo llevarás contigo y te hará más fuerte y sabio si prestas atención a la enseñanza que esa vivencia te dejó.

Por el contrario, existen algunos elementos que desearás eliminar. En el camino, viste algunas cosas, hiciste otras, te hicieron otras cosas y quizá tengas algún arma de guerra que desenterrar. Puedes tener esquirlas en los pies. Quizá también les disparaste a algunas personas, y haya daños que reparar. Talvez cometiste otros errores o descubriste algunas debilidades que no sabías que tenías. De cualquier cosa negativa que haya sucedido, extrae la sabiduría, aprende de ella y luego elimina lo que no te beneficie. El dolor, la amargura, los sentimientos de fracaso, la pérdida, el duelo y el resentimiento necesitan eliminarse y dejarse de lado. Pero déjalos de lado *con conciencia*, en lugar de solo negarlos y olvidarlos.

¿Cómo hacerlo? Las personas eliminan los sentimientos terribles de diferentes maneras, pero, por lo general, necesitas hablar sobre ellos, llorar si es necesario, experimentarlos, expresarlos, perdonar y dejar pasar. Déjalos de lado después de que les hayas prestado la atención adecuada. Deslígate. Si lo haces, estarás listo para cualquier cosa que venga; si aprendiste y te beneficiaste de lo vivido, haya sido positivo o negativo, en tu próximo negocio o relación estarás listo por completo, *incluso más de lo que habrías estado si no hubieras atravesado todo eso.* No importa lo que pasó, eres mejor gracias a ello.

Pero si no digieres la última experiencia, es probable que, como Joe, vuelvas a repetir los errores y a no permitirte el beneficio de lo que pudiste haber aprendido. Tendrás los mismos puntos ciegos que te llevan a confiar en la persona equivocada, o a ser impulsivo sin la debida diligencia, o a subestimar una vez más tus fuerzas y tu valor real. Esos puntos ciegos te conducirán a subvalorarte y desperdiciar el dinero. Sea lo que sea que hayas hecho debe ser el objeto de reflexión y de asimilación en la forma que hemos descrito. Incluso en los negocios que te resultaron bien, tienes que saber por qué lo lograste, para que puedas aprovechar cada vez más lo que propició que así fuera.

ASIMILACIÓN EN EQUIPO
Hace poco dirigí un retiro de un equipo ejecutivo, en el que el enfoque fue asimilar la última gran inversión de la compañía. Pasamos mucho tiempo analizando la experiencia y descubriendo lo que había sido útil y lo que debía ser eliminado. Se detectaron errores que condujeron a cambios estructurales en la empresa para que no ocurrieran de nuevo. El equipo pudo capturar las lecciones aprendidas de los socios además de incluirlas en algunos de sus propios procesos. Tuvieron que tomar algunas decisiones sobre el personal.

También se consideró necesario hacer un cambio geográfico, a fin de no volver a cometer esos errores. Trasladaron algunas operaciones, realizaron dinámicas de equipo y examinaron patrones de trabajo que los miembros del equipo se comprometieron a cambiar. En el sentido positivo, cuando se dieron cuenta de lo que cada uno había aportado, identificaron que una de las mujeres del equipo tenía una fortaleza que desconocían, y descubrieron las maneras de sacarle provecho en el futuro. Cambiaron por completo su enfoque. A medida que avanzábamos en el proceso y como resultado de ver todas las piezas, surgió un enorme cambio estratégico. *Después de haber examinado la última gran inversión, se fueron de allí con un mejor conocimiento de su futuro que si hubieran ido a un retiro de planificación.* El conocimiento era considerable. Pero la lección es que debemos hacer esto todo el tiempo como una rutina, así como cuando podamos un arbusto.

CAMBIOS PERSONALES
—¡Basta! —le dije a Jennifer—. ¡Ni siquiera lo pienses!

—¿Por qué? Creo que será muy bueno para mí —me dijo.

—No lo creo. Por ahora, lo *último* que necesitas hacer es tener una relación amorosa. Eso es como si un alcohólico obtuviera un trabajo como cantinero u organizador de fiestas. Es la peor idea.

Discutíamos el registro inmediato de Jennifer al servicio de citas románticas justo después de su divorcio. De hecho, creo que el divorcio aún no era definitivo, y ella ya estaba pensando: «Esta vez voy a encontrar a alguien bueno».

Yo sabía que no había ni la más mínima posibilidad para eso. Ella tenía varios patrones en su forma de relacionarse con los hombres que le aseguraban otra mala elección y otro fracaso. Ya lo había hecho dos veces al acercarse al macho alfa que hacía que se sintiese segura, para luego darse cuenta de que esa relación no le brindaba ningún espacio a ella, sus opiniones o sus necesidades. «Siempre tenía que ser a su manera», me dijo. ¿Sorprendida? Así es el *macho alfa*. Pero ese era su «tipo», según sus propias palabras.

Había también otras dinámicas, tanto en el proceso de selección como en las formas de relacionarse con un hombre cuando ya salía con él, que no eran un buen presagio. Jennifer era una mujer brillante, atractiva y muy divertida, y nunca había tenido dificultades para encontrar hombres. Sin embargo, los que había encontrado, a quienes les permitía salirse con la suya, eran una historia diferente. Por eso, yo no quería que ella tuviera ninguna relación hasta que asimilara algunas cosas.

De ahí que la convencí de inscribirse en un curso de recuperación postdivorcio, de una duración de seis meses, antes de que comenzara a salir con alguien. En ese proceso, descubrió cosas muy importantes.

—Me estoy dando cuenta de que tengo algunos problemas con los hombres —me dijo un día. *¿De veras? ¡Caramba! ¿Qué tal eso?* Pensé.

—Dios mío, Jennifer, eso está muy bien. Me alegra que la clase te esté ayudando —le dije.

—Es lo mejor que he hecho. Me irá mejor en las decisiones que tome cuando salga en citas románticas. Pero me falta mucho para estar lista. Creo que debo tomarme algún tiempo, asegurarme de que ya superé lo de Jason y no involucrarme en ninguna relación rebote en la que pueda cometer el mismo error. ¿Qué piensas tú? —dijo.

—Me parece un buen plan —le dije, con el deseo de expresarle varias veces un «te lo dije».

De cualquier manera, me alegro de que haya hecho esa asimilación obligatoria, la cual le fue muy útil. Casi un año más tarde, encontró a un hombre bueno, como resultado del trabajo previo. Aprendió las lecciones útiles y eliminó el dolor inservible de su vida. Así que esta vez, no repitió ese dolor. Muy bien.

LO FUNDAMENTAL

En cualquier momento, eres una amalgama de lo que te ha sucedido hasta ese instante. Así que si has digerido de forma apropiada tu última experiencia, estás listo. Has aprendido, has realizado los cambios necesarios, has tomado lo que necesitabas, y eres más sabio y estás más preparado. Enfrentar tu dolor, procesarlo y dejar que este te prepare son procesos que conforman una parte importante de un cambio bueno y necesario.

Debes considerar dos preguntas al reflexionar sobre tu próximo cambio necesario:

- ¿Cuál es la situación que estás cambiando o vas a cambiar, en la que tienes que hacer algún esfuerzo de «asimilación»?
- ¿En qué proyecto, estrategia, pérdida u otra iniciativa deben tú y tu equipo invertir tiempo para «asimilarlo»?

Capítulo 13

Sostenibilidad: Haz un inventario de lo que está agotando tus recursos

El diccionario Webster define *sostenible* como «un método de cosecha o de utilización de un recurso para que este no se agote o se dañe de manera permanente». Cuando busqué el término, esperaba que la definición incluyera algo parecido a la habilidad de «hacer que algo continúe». Sin embargo, el diccionario Webster lo expresa mucho mejor, con un enfoque en el agotamiento o el daño del recurso mismo.

La lección: si estás haciendo algo que usa tus recursos o te usa a ti de manera que te agota o te daña, no puedes seguir así. ¿La razón? No solo te estás cansando, sino también tú y tu recurso se están *agotando*. Está privándote a ti o a tu recurso de elementos vitales. En pocas palabras: te agotarás. Esto aporta mucho al análisis.

¿Cuándo se ve esto en la vida real? Lo vemos cuando las personas no llevan a cabo los cambios necesarios que una y otra vez sus corazones, mentes, almas, cuerpos y estados de cuenta les señalan que necesitan hacer. Como resultado, algo se agota:

- El director general o el jefe lleva a su equipo hacia una estrategia que los obliga a sobrepasar sus habilidades para seguir adelante, por lo que se agotan y pierden la esperanza.
- Una propietaria de un negocio se presiona día y noche para arrancar su negocio, y ella empieza a enfermarse más y más.

- El director general o el gerente permite que un empleado nocivo forme una cultura negativa para con los demás, al punto en que, con el tiempo, todo el personal se desmotiva.
- Una esposa trata una y otra vez de aceptar y perdonar a su iracundo e irrespetuoso esposo, y comienza a perder su esperanza en esa persona, la relación y el amor en sí.
- Una iniciativa de negocios tiene un gran comienzo, sin embargo, los costos son más altos de lo planificado, y la quema de liquidez se acelera y aumenta con mayor rapidez.
- Un negocio continúa a la espera de ganancias y se endeuda cada vez más, y siempre se piensa que la recuperación pronto llegará aun cuando la deuda aumenta.
- Entre un trabajo y otro o con un ingreso reducido, una persona o una familia continúa viviendo en las mismas condiciones de vida que tenía cuando los ingresos fluían.
- Una persona juega un papel equivocado en un trabajo, una carrera o un cargo que no encaja con sus talentos, fortalezas o pasiones.

Piensa en los resultados de todos esos escenarios y verás qué tan profunda es, en realidad, la sostenibilidad. En cada uno, y a medida que el tiempo pasa, algo o alguien se *agota* o sale *perjudicado*. Por ese motivo, la sostenibilidad es una de las razones más importantes para hacer un cambio necesario. Si estás haciendo algo que simplemente no puede continuar porque la fuente se está agotando o se está dañando, un cambio no solo es necesario, sino vital y urgente.

En mi experiencia con empresas y personas, no prestar atención a la sostenibilidad es una de las razones más comunes por las que se crean problemas, muchas veces irrecuperables. ¿Por qué? Porque los recursos, ya sean financieros o humanos, se agotan por completo. En este punto, las personas o los negocios ya no tienen opciones, y ya no quedan buenas elecciones. La sostenibilidad mantiene vivas las opciones y siempre que las tengas, habrá esperanza. Pero si no tienes la habilidad de seguir adelante porque tú o tus bienes se han terminado, te quedan pocas opciones y te ves obligado a aceptar algunas que no hubieras escogido. Por ende, existe un par de contextos mejores para llevar a cabo los cambios que bajo situaciones insostenibles.

Lo que quiero que extraigas de esta sección es la motivación de ver algunos aspectos de tu vida y tu trabajo que puedan estar en un camino insostenible. Veamos entonces algunas preguntas que pueden ayudarte a evaluar tu situación con sinceridad:

- En este momento, ¿te encuentras en un estado emocional que no es sostenible? No me refiero solo a un «mal rato» o a un momento que no *deseas* que sea eterno. La vida está llena de dificultades, pero con el apoyo adecuado y demás recursos, podemos soportarla si tenemos que hacerlo y si existe un buen motivo. Me refiero a un momento difícil que, en verdad, no es sostenible y que a menudo continúa sin una buena razón. ¿Te hallas en un estado que te carcome el corazón, la mente, el alma o la energía de tal manera que vas directo a estrellarte o a consumirte?
- En este momento, ¿te encuentras en un estado físico que no es sostenible? ¿Tienes demasiados viajes? ¿Duermes muy poco? ¿Vives bajo un exceso de prisas? ¿Le exiges demasiado a tu sistema físico? ¿Lo haces durante un período prolongado sin poder ver el final? ¿Haces muy poco ejercicio? ¿Consumes demasiada comida chatarra?
- En este momento, ¿te hallas en un estado donde tus relaciones no son sostenibles? ¿Existe alguna relación que te agote o te cause daño? ¿Estás en un contexto donde te sientes comprometido u obligado a adaptarte a las necesidades o exigencias de otra persona por temor? ¿Te encuentras en una situación donde alguien tiene poder sobre ti y poco a poco va disminuyendo tu sentido de valía personal?
- En este momento, ¿te encuentras en un estado profesional que no es sostenible? En tu trabajo, ¿pasa algo en la cultura o en la relación con tu jefe que te impide continuar sin que a largo plazo esto cause algún tipo de daño a tu motivación, talento o pasión? Esto no incluye todas las culturas y los jefes difíciles, ya que la mayoría de personas pasa por algunos de esos períodos en ese tipo de ámbitos, y, con el tiempo, eso en verdad las fortalece o las prepara aun si la situación es difícil. Más bien me refiero a algo que no te prepara ni te hace crecer, sino que con lentitud te desgasta o mata algo dentro de ti.
- En este momento, ¿te encuentras en una etapa espiritual que no es sostenible? En tu espíritu, ¿hay algo que te haga sentir de menos? ¿Se está postergando la esperanza de manera que eso te está

causando una enfermedad espiritual? ¿Estás perdiendo el significado de tu vida? ¿Hay algo que te haga sentir sin propósito, misión, trascendencia, amor u otra dimensión espiritual? ¿Se ha reducido tu creencia en la humanidad o tu fe? ¿Te has visto afectado en tu habilidad de sentir esperanza?

- En este momento, ¿te hallas en una condición financiera que no es sostenible? En tu negocio o finanzas personales, ¿son tus gastos mayores a tus ingresos, sin que veas el final? ¿Está desequilibrada la curva entre tus inversiones y tus ingresos? ¿No sabes si podrás cubrir tus gastos fijos, reales y no negociables en el camino en el que estás ahora? Dicho de otra manera, si las cosas no cambian, ¿te quedarás sin dinero y sin opciones? Si el «efectivo es igual a opciones» ¿vas camino a reducir tus opciones?

- ¿Se te están agotando tus reservas de energía de tal manera que la situación ya no es sostenible? ¿Hay algo que drena tanto tu energía que tienes que obligarte a continuar? ¿A menudo tienes que arrastrarte por un camino en particular? ¿Hay un desagüe en especial que lo ocasione?

- ¿Estás permitiendo que tus fortalezas caigan en desuso de tal manera que la situación ya no es sostenible? ¿Vas por un camino en el que tus fuerzas ya no están disponibles? ¿Te sientes acorralado en el trabajo o en algún otro sitio de forma tal que la situación te exige «no ser tú» la mayor parte del tiempo? ¿Se adormece poco a poco tu verdadero yo? ¿Temes que este ya no se pueda despertar?

- ¿Te encuentras en una situación en la que, de alguna manera, te has sobrecargado? ¿Comenzó esa situación como una anomalía pero ahora se ha convertido en un patrón? A menudo, esto sucede con el horario de una persona o con su carga laboral. Lo que pensaba sería mucho trabajo, horas extra o un esfuerzo pasajero ahora se ha tornado en aquello necesario para que todo funcione, ya que la entidad o la empresa se ha *amoldado y se ha formado alrededor de ese ingrediente preciso, que es el hecho de que todo el esfuerzo proviene de una sola fuente: tú.* Entonces lo que suponía sería temporal, ahora se ha convertido en un patrón, en lo normal.

Todos esos escenarios son ejemplos de cómo, si continúas desgastándote o gastando otros recursos, te perjudicas o los disminuyes. A largo plazo, esto no es sostenible, lo que significa que estás por terminar algo, ya sea una parte de ti o de tu negocio y no es por decisión propia. Este es un hecho que no puedes ignorar.

Recuerda que no hablo de un sacrificio ni de otro tipo de decisiones que una persona toma por iniciativa propia para avanzar en algo que le cuesta. Todos hacemos eso, y es un requisito importante para madurar. Escogemos caminos difíciles por buenas razones. De lo que hablo es de un estado pasivo y negativo en el que uno, con el paso del tiempo, se encuentra en un estado sin beneficios y solo con una rentabilidad reducida. Eso no es sostenible.

Por lo tanto, recuerda estar alerta ante esas situaciones en la vida o en los negocios que poco a poco te reducen a ti o a tus bienes. Eso debería ser una alarma para moverse rápido y así detener la fuga, reorganizarte, traer algún tipo de ayuda, hacer un cambio o alguna clase de cierre, el cual se torna más que necesario. Eso es vital en el sentido más amplio de la palabra. No quiere decir que tienes que erradicar toda la «visión general», pero sí que tienes que terminar por lo menos las dinámicas insostenibles. Por ejemplo, mencioné a una esposa en una situación insostenible con su esposo adicto. Ella no terminó su matrimonio, sino que le puso fin a la dinámica insostenible que estaba destruyendo tanto a su persona como a su relación.

Por consiguiente, haz un inventario y observa todo lo negativo en cualquiera de las categorías de la vida. Si no te lleva a algo que termine por revertir el flujo negativo, planifica un cambio. Sugiero también que te preguntes adónde te ubicas en el cronograma de la sostenibilidad. Así como un negocio debe conocer sus niveles de efectivo y cuándo se agotará, tú también tienes que saberlo en todas las dimensiones mencionadas. Intenta esto: pregúntate si estás en el primero, segundo o tercer trimestre del momento en que te quedarás sin recursos y agotado por completo. Que esta sea tu guía para saber qué tan urgente lo *urgente* debe ser. Luego, continúa avanzando. Todo depende de eso.

Capítulo 14

Conclusión: Todo se trata del futuro

Hace unos meses, justo cuando escribía este libro, salí a cenar con mi amigo Brian. No podía evitar enfocarme en los aspectos relacionados con los cambios de aquellas cosas que mi amigo relataba. Cuando le pregunté cómo estaba, Brian simplemente y sin saberlo casi me repitió el libro completo.

—Estoy en un gran lugar —me dijo—. Nunca hubiera soñado que iba a terminar donde estoy ahora, pero estoy muy agradecido.

—¿En qué estás pensando en particular? —le pregunté.

—Bueno, acabo de ir a un retiro de silencio, en donde el enfoque fue meditar sobre la gratitud. Se me instruyó que pensara, reflexionara, meditara y disfrutara todas aquellas cosas que pudiera recordar y por las que estaba agradecido. Me di cuenta de algo.

—¿De qué? —le pregunté.

—Me di cuenta de que muchos aspectos de mi vida, es decir, las cosas verdaderamente buenas, en realidad no llegaron como resultado de que yo tuviera la suficiente inteligencia como para planificarlos de esa manera. De hecho, ver esto incluso me hizo sentir aun más agradecido. Nunca podría haber planificado mi vida en la forma en que se ha desarrollado. Creo que ha sido un regalo total.

—¿Qué te ha llevado a comprender que tu vida es mejor que lo que la habías planificado? —le pregunté.

—Bueno, vi el panorama completo. Sé que esto suena demasiado idealista, pero es cierto. Ahora, a mi mediana edad, estoy en un lugar en el que cada día disfruto de mi trabajo. En las finanzas, tengo mi vida resuelta, incluso si ya no trabajo un día más. Tengo un matrimonio muy bueno con hijos que en verdad son maravillosos. Cuento con una comunidad y unos amigos fenomenales. Podría seguir y seguir. De ninguna manera afirmo que mi vida sea perfecta. Sabes los traumas que he sufrido. Pero el panorama completo es saludable. Hay vida en ello. Estoy rodeado de gente buena y de actividades significativas.

—Sí, eso es cierto —dije—. En su totalidad, tienes un buen panorama.

—Sin embargo, me di cuenta de que todo esto, desde mi esposa hasta lo que hago con mi grupo de amigos, todo ello, es algo que en realidad no sabía cómo lograr. Todo vino de otra fuente —dijo.

—¿De otra fuente? —pregunté.

—Sí. A mis veinticinco años, no escribí nada de eso en una pizarra para luego decir: «Quiero a esa mujer, ese trabajo, ese vecindario, etcétera». Todo eso vino de lo que hice *antes*. Así, cuando el «antes» terminó, me llevó a la «siguiente cosa». Nunca pude haber planificado todos los «próximos pasos». Pero de allí surgió un patrón. Cada vez que algo finalizaba, ese cambio conducía a la siguiente cosa que era lo que yo necesitaba y estaba buscando.

Cuando le escuché decir *cambio*, le pedí que me contara más. Los autores hacen eso cuando están escribiendo un libro sobre un tema determinado y precisamente aparece una ilustración. No sabía qué tan cierto es esto hasta que mi amigo prosiguió.

—Bueno, no sé cómo describir todo esto, pero me di cuenta de que siempre tuvo que haber algún tipo de cambio en algo para pasar a lo siguiente. A partir de ese paso, el que fuera, el próximo nivel surgía. Cuando dejé mi antigua empresa y entré a la siguiente, si recuerdas, todo se manifestó. Ese cambio condujo a un nuevo y enorme nivel que no podía haber previsto. Al parecer, mi trabajo solo debía dar el paso que parecía ser el correcto y cambiar una cosa para que la próxima pudiera ocurrir. Cuando lo hacía, siempre sucedía esto.

»¿Recuerdas la mujer que fue mi novia antes de Jil? Muchas personas creyeron que ella era "la indicada". Pero yo sabía que algunas cosas que eran importantes para mí no estaban presentes. Una vez más, se requirió un gran paso para poner fin a esa relación, pero entonces fue que Jil apareció.

»Luego, tras el crecimiento de la compañía, todas esas oportunidades nuevas y más grandes llegaron porque vi que Jeremy y yo éramos grandes amigos y habíamos sido buenos socios durante esos años de crecimiento, pero en realidad no caminábamos en la misma dirección. Tuvimos que separarnos y terminar nuestra sociedad. Y cuando ese final llegó, ¡mira lo que resultó! Fue entonces cuando todo esto se produjo, y el resto es historia. Pero yo nunca pude haber previsto nada de eso. Por ello, estoy agradecido. Cada vez, el siguiente paso "solo llegaba". Es así como sucedía.

»Sin embargo, tengo que admitir algo. En ese retiro, también tuve que estar un poco orgulloso de mí mismo, sentir una especie de gratitud hacia mi persona, por así decirlo. No por hacer que sucedieran grandes cosas, porque, como he dicho, veo todas las cosas buenas que tengo como un regalo de lo alto. Una cosa llevó a la otra, y no lo planifiqué ni pude haberlo hecho. Pero me siento orgulloso de que cada vez que era el momento de dar el paso, tuve el valor, la confianza y la fe para poner fin a lo que necesitaba terminar para que la siguiente cosa sucediera.

»Al hablar con mi hijo sobre el éxito, esa es la imagen que se me va formando. Yo le digo: hijo, déjame darte la fórmula. En primer lugar, tienes que hacer lo mejor, lo mejor que puedas en cada etapa del camino. En donde te encuentres, sé lo mejor que puedes ser y haz lo mejor de lo que eso sea. Haz que funcione de la mejor manera posible, y haz lo que sea que esté en tus manos.

»Segundo, cuando llegue el momento de tener el valor para dar el siguiente paso, tienes que darlo sin miedo. No me refiero a arriesgarte o a dar pasos errados, sino a no tener miedo de tomar medidas audaces cuando el momento sea obvio. Eso requiere valor y fe, pero tienes que hacerlo cuando el tiempo llega.

»Luego, en tercer lugar, regresa a la primera cosa que dije. Dedícate en donde te halles y haz todo lo mejor que puedas. Y si fue un paso equivocado, eso no importará porque te habrás desempeñado bien, habrás aprendido algunas cosas en el proceso y las personas habrán notado y apreciado tu desempeño. Es por eso que no debes preocuparte por el mañana, porque habrás hecho las cosas bien, aunque haya sido un mal negocio o resultado. La gente lo sabrá al observarte, y tú estarás listo para lo siguiente.

»Fue entonces que tuve un increíble momento de lucidez: de una manera extraña, todo lo valioso que tengo proviene de estar dispuesto a terminar algo que estaba haciendo y dar el siguiente paso. De alguna manera, los cambios y los nuevos comienzos grandiosos están relacionados entre sí. No puedes tener uno sin el otro. Es una paradoja extraña, sin embargo, es lo que en verdad pienso».

No podía mejorarlo. Representa tan bien lo que hemos estado diciendo a lo largo de este libro. Tu siguiente paso siempre depende de dos ingredientes: qué tan bien maximizas donde te encuentras ahora y qué tan preparado estás para hacer lo necesario para llegar al siguiente lugar. A menudo, eso depende de cambiar algo de lo que haces en el presente. Como la travesía de mi amigo nos ilustra, esa es la combinación del éxito para el mejor mañana que puedas encontrar. Tú haces tu parte, tienes fe y el mañana se las arregla por sí mismo. Pero, recuerda, para que venga el mañana adecuado, algunas partes del ahora pueden tener que experimentar un cambio necesario.

Reconocimientos

Cada libro tiene vida propia, y este no es la excepción. Comenzó en las trincheras diarias y cuartos de operaciones de muchos líderes excelentes en varias empresas durante muchos años, a medida que ellos luchaban contra dilemas que incluían cambios difíciles pero necesarios. Desde entonces, los patrones se tornaron claros, y el siguiente paso fue, de alguna forma, comunicar en un solo libro la necesidad y la dificultad de esos cambios cruciales. Sucedió con la ayuda de unas cuantas personas, a quienes me gustaría agradecer.

Hollis Heimbouch, mi editora en Harper, jugó un papel decisivo al ayudarme a integrar los tópicos conjuntos de cómo los cambios afectan no solo a los negocios, sino a la vida misma. Su visión del panorama general, sumada a su ayuda línea por línea, añadió mucho para que lo empresarial y lo personal se mantuvieran amarrados, tal como sucede en la vida real. A lo largo del proceso, su habilidad de avanzar por diferentes senderos fue evidente.

Jan Miller y Shannon Marven, mis agentes literarias: no puedo agradecerles lo suficiente. Jan, por el alcance de tu conocimiento sobre las publicaciones y tu aporte estratégico que da pie a muchas misiones. Gracias por ayudarme con la mía. Shannon, eres una súper estrella, y nadie te supera en el arduo trabajo de hacer que los proyectos de publicación ocurran en el lugar correcto, en el momento correcto y de la manera correcta.

Agradezco también a Sandy Vander Zicht por su ayuda en la edición. Como siempre, encuentro la manera de utilizar más palabras de las necesarias, y tú «cambiaste» esa tendencia en muchas ocasiones. :-)

Matt Inman, de Harper, gracias por todo el trabajo intenso para hacer que todo avanzara y por la experiencia técnica necesaria para responder todas las preguntas difíciles.

Nos agradaría recibir noticias suyas.
Por favor, envíe sus comentarios sobre este libro
a la dirección que aparece a continuación.
Muchas gracias.

Vida@zondervan.com
www.editorialvida.com

www.ingramcontent.com/pod-product-compliance
Lightning Source LLC
Chambersburg PA
CBHW011341090426
42743CB00018B/3411